AF175481

Impressum
Verlag: BABADADA GmbH, Nedderfeld 112 , 22529 Hamburg
Geschäftsführer / Verlagsleitung: Harald Hof
Druck: Books on Demand GmbH, In de Tarpen 42, 22848 Norderstedt

Imprint
Publisher: BABADADA GmbH, Nedderfeld 112 , 22529 Hamburg, Germany
Managing Director / Publishing direction: Harald Hof
Print: Books on Demand GmbH, In de Tarpen 42, 22848 Norderstedt

delen
ຂາມ

186/2

bord
ກະດານ

klaslokaal
ຫ້ອງຮຽນ

speelplaats
ເດີ່ນໂຮງຮຽນ

leerkracht
ຄູສອນ

papier
ເຈ້ຍ

schrijven
ຂຽນ

pen
ປາກກາ

bureau
ໂຕະເຮັດວຽກ

liniaal
ໄມ້ບັນທັດ

boek
ໜັງສື

leerling
ນັກຮຽນ

schooltas
ກະເປົາໃສ່ປຶ້ມທີ່ມີສາຍພາຍ

pennenzak
ກັບສໍດຳ

potlood
ສໍດຳ

puntenslijper
ເຄື່ອງແຫຼມສໍ

gom
ຢາງລົບ

tekenblok
ສະໝຸດແຕ້ມຮູບ

tekening

ພາບວາດ

verfborstel

ແປງທາສີ

verfdoos

ກ່ອງສີ

schaar

ມີດຕັດ

lijm

ກາວ

werkboek

ປື້ມເຝິກຫັດ

huiswerk

ວຽກບ້ານ

12

nummer

ຕົວເລກ

2+2

optellen

ບວກ

5-2

aftrekken

ລົບ

2×2

vermenigvuldigen

ຄູນ

rekenen

ຄິດໄລ່

A

letter

ຕົວອັກສອນ

ABCDEFG
HIJKLMN
OPQRSTU
VWXYZ

alfabet

ພະຍັນຊະນະ

woord

ຄໍາສັບ

tekst

ຂໍ້ຄວາມ

Lezen

ອ່ານ

krijt

ສໍຂາວ

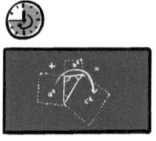

les

ບົດຮຽນ

klassenboek

ລົງທະບຽນ

examen

ການສອບເສັງ

certificaat

ໃບຢັ້ງຢືນ

schooluniform

ຊຸດນັກຮຽນ

onderwijs

ການສຶກສາ

encyclopedie

ປຶ້ມຣວບຣວມຄວາມຮູ້ສາລະພັດ

universiteit

ມະຫາວິທະຍາໄລ

microscoop

ກ້ອງຈຸລະທັດ

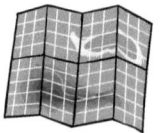

kaart

ແຜນທີ່

papiermand

ກະຕ່າໃສ່ເສດເຈ້ຍ

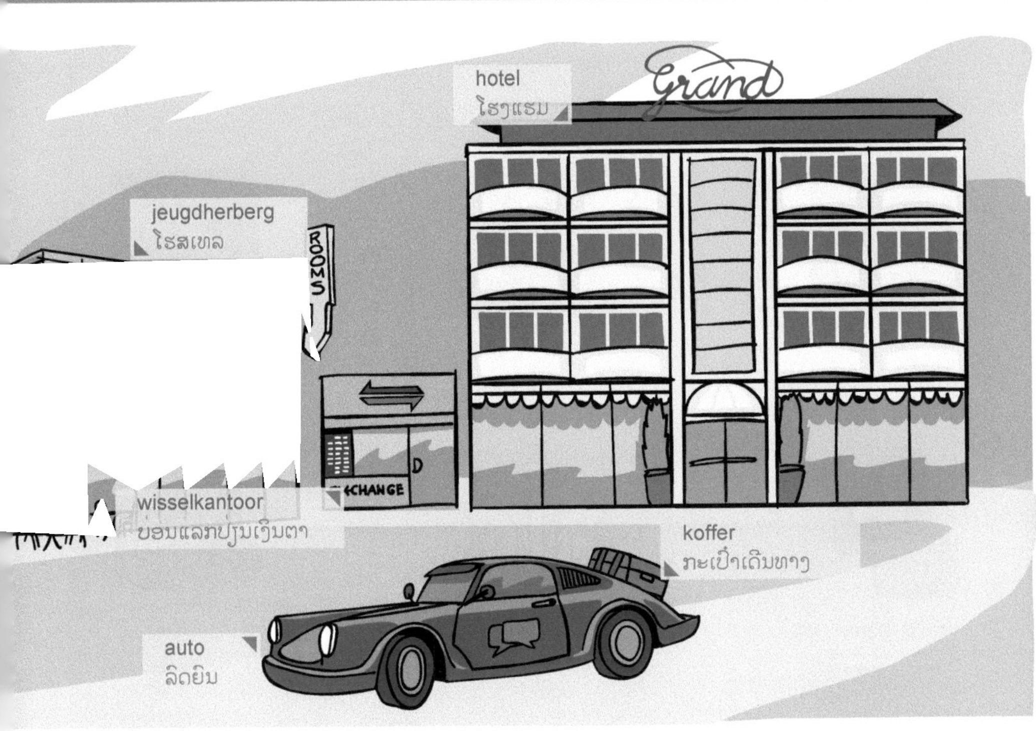

Grand
ROOMS
CHANGE
hotel
ໂຮງແຮມ
jeugdherberg
ໂຮສເທລ
wisselkantoor
ບ່ອນແລກປ່ຽນເງິນຕາ
koffer
ກະເປົ໋າເດີນທາງ
auto
ລົດຍົນ

Taal
ພາສາ

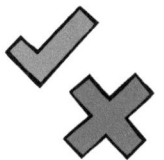

ja / nee
ແມ່ນ / ບໍ່ແມ່ນ

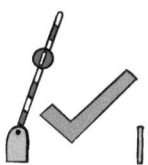

oké
ຕົກລົງ

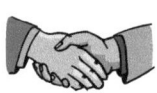

hallo
ສະບາຍດີ

vertaler
ນັກແປພາສາ

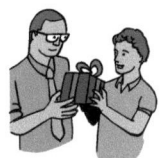

bedankt
ຂອບໃຈ

Hoeveel kost ...?

ລາຄາເທົ່າໃດ...?

Ik begrijp het niet

ຂ້ອຍບໍ່ເຂົ້າໃຈ

probleem

ບັນຫາ

Goedenavond!

ສະບາຍດີຕອນແລງ!

Goedemorgen!

ສະບາຍດີຕອນເຊົ້າ!

Goedenavond!

ລາຕີ່ສະຫວັດ

Tot ziens

ລາກ່ອນ

richting

ທິດທາງ

bagage

ກະເປົາເດີນທາງ

zak

ກະເປົາ

rugzak

ກະເປົາພາຍຫຼັງ

gast

ແຂກ

kamer

ຫ້ອງ

slaapzak

ຖົງໃສ່ເຄື່ອງນອນ

tent

ເຕັ້ນ

reis - ການທ່ອງທ່ຽວ

toeristeninformatie

ຂໍ້ມູນນັກທ່ອງທ່ຽວ

strand

ຫາດຊາຍ

kredietkaart

ບິດເຄຣດິດ

ontbijt

ອາຫານເຊົ້າ

lunch

ອາຫານທ່ຽງ

avondeten

ອາຫານແລງ

ticket

ປີ້

lift

ລິຟ

postzegel

ສະແຕມ

grens

ພົມແດນ

douane

ພາສີ

ambassade

ສະຖານທູດ

visum

ວິຊາ

paspoort

ໜັງສືຜ່ານແດນ

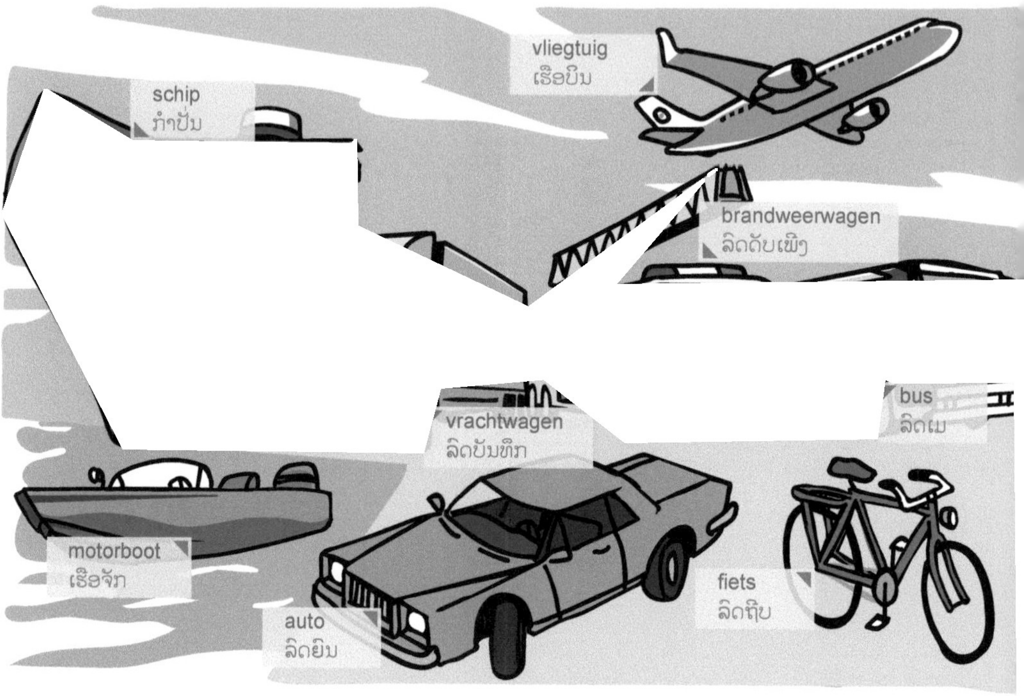

vliegtuig
ເຮືອບິນ

schip
ກຳປັ່ນ

brandweerwagen
ລົດດັບເພີງ

vrachtwagen
ລົດບັນທຶກ

bus
ລົດເມ

motorboot
ເຮືອຈັກ

auto
ລົດຍົນ

fiets
ລົດຖີບ

veerboot

ເຮືອຂ້າມຟາກ

boot

ເຮືອ

motor

ລົດຈັກ

politiewagen

ລົດຕຳຫຼວດ

racewagen

ລົດແຂ່ງ

huurauto

ລົດເຊົ່າ

carpoolen
ການແບ່ງປັນກັນໃຊ້ລົດ

sleepwagen
ລົດລາກ

vuilniswagen
ລົດຂົນຂີ້ເຫຍື້ອ

motor
ເຄື່ອງຍົນ

benzine
ເຊື້ອໄຟ

benzinestation
ປໍ້ນໍ້າມັນ

verkeersbord
ປ້າຍຈາລະຈອນ

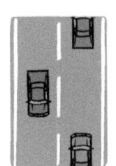

verkeer
ການຈາລະຈອນ

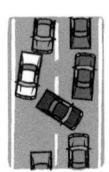

file
ການຈາລະຈອນຕິດຂັດ

parkeerplaats
ບ່ອນຈອດລົດ

station
ສະຖານີລົດໄຟ

sporen
ລາງລົດໄຟ

trein
ລົດໄຟ

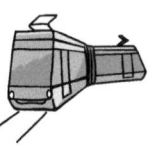

tram
ລົດລາງ

wagon
ຕູ້ລົດໄຟ

helikopter
ເຮລິຄອບເຕີ

luchthaven
ສະໜາມບິນ

toren
ທໍຄອຍ

passagier
ຜູ້ໂດຍສານ

container
ຕູ້ບັນຈຸສິນຄ້າ

karton
ກອງເຈ້ຍ

kar
ກວຽນ

mand
ກະຕ່າ

opstijgen / landen
ເຮືອບິນຂຶ້ນ / ເຮືອບິນລົງຈອດ

ເມືອງ

dorp
ບ້ານ

stadscentrum
ໃຈກາງເມືອງ

huis
ເຮືອນ

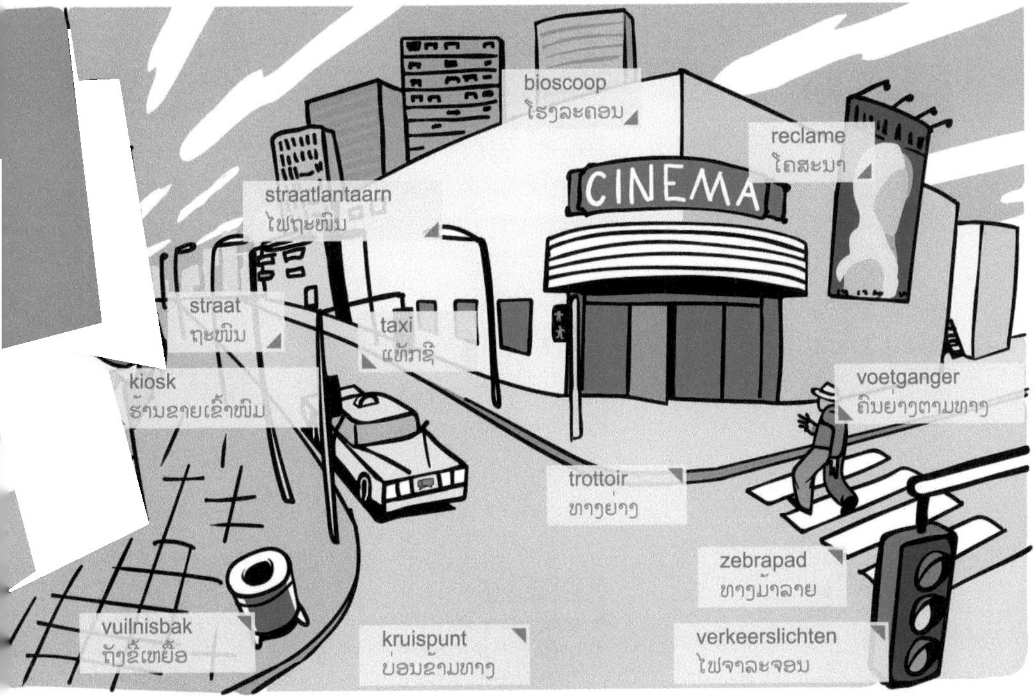

bioscoop
ໂຮງລະຄອນ
reclame
ໂຄສະນາ
CINEMA
straatlantaarn
ໄຟຖະໜົນ
straat
ຖະໜົນ
taxi
ແທັກຊີ
kiosk
ຮ້ານຂາຍເຂົ້າໜົມ
voetganger
ຄົນຍ່າງຕາມທາງ
trottoir
ທາງຍ່າງ
zebrapad
ທາງມ້າລາຍ
vuilnisbak
ຖັງຂີ້ເຫຍື້ອ
kruispunt
ບ່ອນຂ້າມທາງ
verkeerslichten
ໄຟຈາລະຈອນ

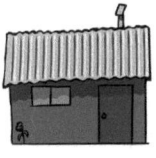

hut

ຕູບ

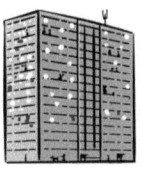

woning

ແຟລດ

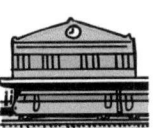

station

ສະຖານີລົດໄຟ

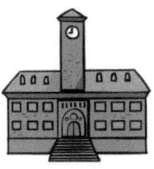

stadshuis

ໂຮງການເມືອງ

MUSEUM

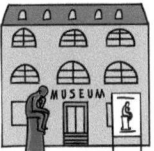

museum

ຫໍພິພິດຕະພັນ

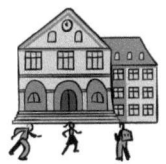

school

ໂຮງຮຽນ

universiteit

ມະຫາວິທະຍາໄລ

bank

ທະນາຄານ

ziekenhuis

ໂຮງໝໍ

hotel

ໂຮງແຮມ

apotheek

ຮ້ານຂາຍຢາ

kantoor

ຫ້ອງການ

boekwinkel

ຮ້ານຂາຍຫນັງສື

winkel

ຮ້ານຄ້າ

bloemenwinkel

ຮ້ານຂາຍດອກໄມ້

supermarkt

ຊູບເປີມາເກັດ

markt

ຕະຫລາດ

warenhuis

ຫ້າງສັບພະສິນຄ້າ

vishandelaar

ຮ້ານຂາຍປາ

winkelcentrum

ສູນການຄ້າ

haven

ທ່າເຮືອ

stad - ເມືອງ

park

ສວນສາທາລະນະ

bank

ແປ້ນນັ່ງ

brug

ຂົວ

trap

ຂັ້ນໃດ

metro

ລົດໄຟໃຕ້ດິນ

tunnel

ອຸໂມງ

bushalte

ປ້າຍລົດເມ

bar

ຮ້ານຂາຍເຫຼົ້າ

restaurant

ຮ້ານອາຫານ

brievenbus

ຕູ້ໄປສະນີ

straatnaambord

ປ້າຍຊື່ຖະໜົນ

parkeermeter

ມີເຕີເກັບຄ່າຈອດລົດ

zoo

ສວນສັດ

zwembad

ສະລອຍນ້ຳ

moskee

ວັດມຸດສະລິມ

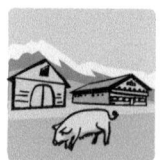

boerderij

ຟາມ

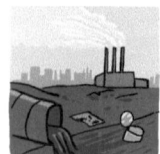

milieuverontreiniging

ມົນລະພິດ

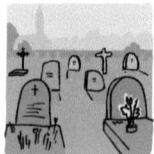

kerkhof

ສຸສານ

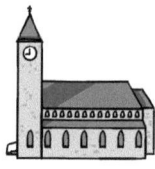

kerk

ໂບດ

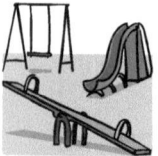

speelplaats

ເດີ່ນຫຼິ້ນຂອງເດັກນ້ອຍ

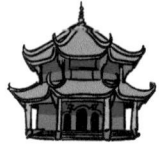

tempel

ວັດມຸດສະລິມ

ພູມີປະເທດ

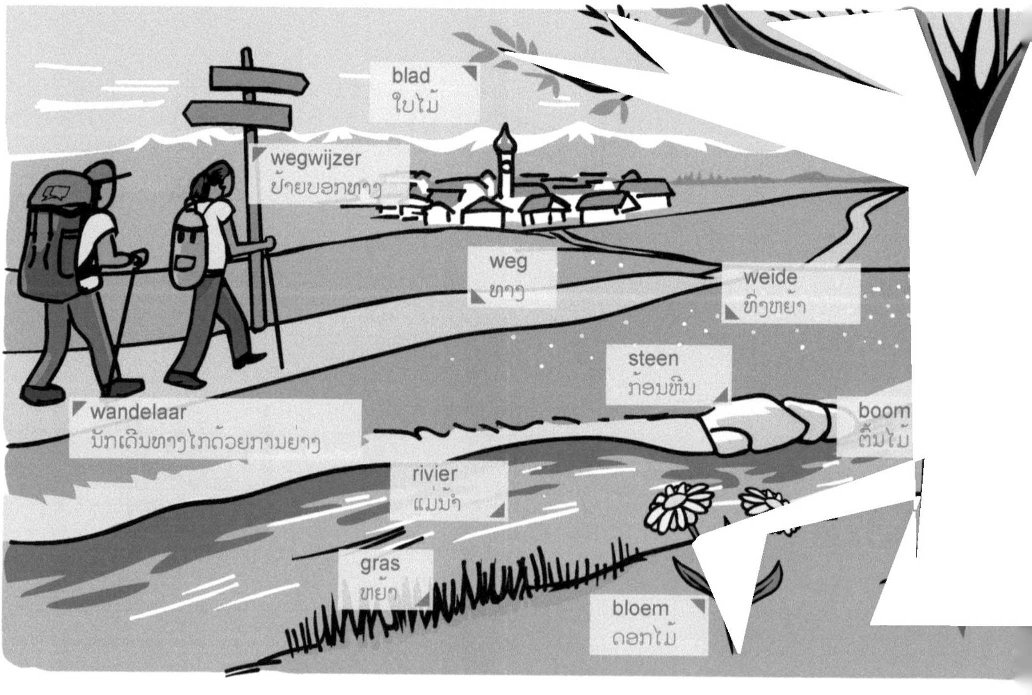
blad
ໃບໄມ້
wegwijzer
ປ້າຍບອກທາງ
weg
ທາງ
weide
ທົ່ງຫຍ້າ
steen
ກ້ອນຫີນ
boom
ຕົ້ນໄມ້
wandelaar
ນັກເດີນທາງໄກດ້ວຍການຍ່າງ
rivier
ແມ່ນ້ຳ
gras
ຫຍ້າ
bloem
ດອກໄມ້

vallei

ຮ່ອມພູ

heuvel

ເນີນເຂົາ

meer

ທະເລສາບ

bos

ປ່າ

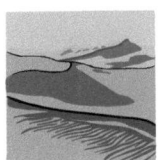

woestijn

ທະເລຊາຍ

vulkaan

ພູເຂົາໄຟ

kasteel

ທຳປະສາດ

regenboog

ຮຸ້ງກິນນ້ຳ

paddenstoel

ເຫັດ

palmboom

ຕົ້ນປາມ

mug

ຍຸງ

vlieg

ແມງວັນ

mier

ມົດ

bijl

ເຜິ້ງ

spin

ແມງມຸມ

kever

ແມງປີກແຂງ

kikker

ກົບ

eekhoorn

ກະຮອກ

egel

ເໝັ້ນ

haas

ກະຕ່າຍປ່າ

uil

ນົກເຄົ້າ

vogel

ນົກ

zwaan

ຫົງ

wild zwijn

ໝູປ່າຕົວຜູ້

hert

ກວາງ

eland

ກວາງໃຫຍ່

dam

ເຂື່ອນ

windturbine

ໝາກປັ່ນ

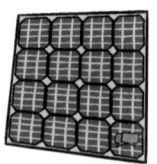

zonnepaneel

ແຜງໂຊລາເຊລ

klimaat

ສະພາບອາກາດ

ober
ຄົນເສີບຂາຍ

menu
ລາຍການອາຫານ

stoel
ຕັ່ງນັ່ງ

soep
ຊຸບ

pizza
ພິສຊາ

bestek
ເຄື່ອງໃຊ້ເທິງໂຕະອາຫານ

tafelkleed
ຜ້າປູໂຕະ

voorgerecht
ອາຫານເລີ່ມຕົ້ນ

hoofdgerecht
ອາຫານຈານຫຼັກ

nagerecht
ຂອງຫວານ

drankjes
ເຄື່ອງດື່ມ

eten
ອາຫານ

fles
ຂວດແກ້ວ

fastfood

ອາຫານຈານດ່ວນ

street food

ຮ້ານຂ້າງທາງ

theepot

ເຕົ້ານ້ຳຊາ

suikerpot

ຖ້ວຍນ້ຳຕານ

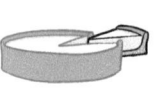

portie

ສ່ວນແບ່ງອາຫານສຳລັບຜູ້ຄົນ

espressomachine

ເຄື່ອງຊົງກາເຟເອສເປຣໂຊ

kinderstoel

ເກົ້າອີ້ສູງ

rekening

ໃບເກັບເງິນ

dienblad

ຖາດ

mes

ມີດ

vork

ສ້ອມ

lepel

ບ່ວງ

theelepel

ຊ້ອນຊາ

serviette

ຜ້າເຊັດປາກຢູ່ໂຕະອາຫານ

glas

ຈອກແກ້ວ

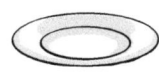

bord

ຈານ

soepbord

ຈານຊຸບ

schoteltje

ຈານຮອງ

saus

ຊອສ

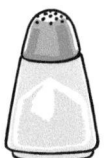

zoutvatje

ກະປຸກເກືອ

pepermolen

ກະປຸກພິກໄທ

azijn

ນ້ຳສົ້ມສາຍຊູ

olie

ນ້ຳມັນພືດ

kruiden

ເຄື່ອງເທດ

ketchup

ຊອສໝາກເດັ່ນ

mosterd

ຜັກຈ້ຳພວກຜັກກາດ

mayonaise

ມາຍອນເນສ

ຊຸບເປີມາເກັດ

aanbieding
ຂໍ້ສະເໜີພິເສດ
FOR
klant
ລູກຄ້າ
zuivelproducten
ຜະລິດຕະພັນທີ່ເຮັດຈາກນົມ
fruit
ໝາກໄມ້
winkelwagen
ລົດຊຸກ

BUTCHERS

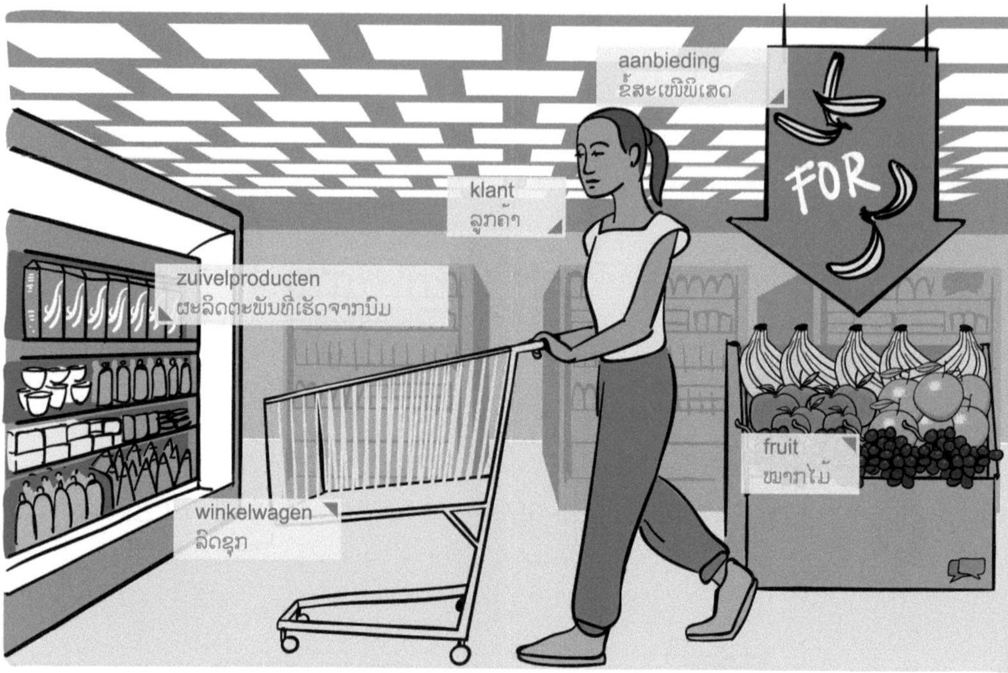

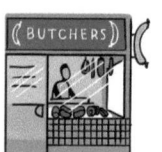

slagerij

ຮ້ານຂາຍຊີ້ນ

BAKERY

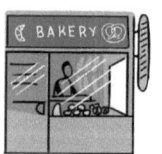

bakkerij

ຮ້ານຂາຍເຂົ້າໜົມປັງ

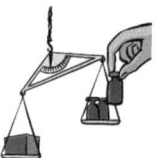

wegen

ຊັ່ງນ້ຳໜັກ

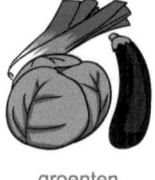

groenten

ຜັກ

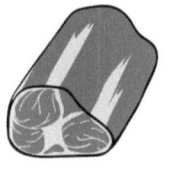

vlees

ຊີ້ນ

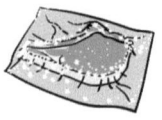

diepvriesvoedsel

ອາຫານແຊ່ແຂງ

charcuterie

ຊີ້ນເຍັນ

conserven

ອາຫານກະປ໋ອງ

waspoeder

ແພ່ບຊັກເຄື່ອງ

snoep

ເຂົ້າໜົມຫວານ

huishoudproducten

ຜະລິດຕະພັນໃນຄົວເຮືອນ

schoonmaakproducten

ຜະລິດຕະພັນທຳຄວາມສະອາດ

verkoopster

ພະນັກງານຂາຍຍິງ

kassa

ເຄື່ອງຄິດເງິນ

kassier

ພະນັກງານເງິນສົດ

boodschappenlijstje

ລາຍການຊື້ເຄື່ອງ

openingstijden

ເວລາເປີດເຮັດວຽກ

portefeuille

ກະເປົາເງິນ

kredietkaart

ບັດເຄຣດິດ

tas

ຖົງ

plastieken zakje

ຖົງຢາງ

water

ນ້ຳ

sap

ນ້ຳໝາກໄມ້

melk

ນົມ

cola

ໂຄກ

wijn

ວາຍ

bier

ເບຍ

alcohol

ເຫຼົ້າ

cacao

ໂກໂກ້

thee

ຊາ

koffie

ກາເຟ

espresso

ເອສເປຣສໂຊ

cappuccino

ຄາປູຊີໂນ

banaan

ໝາກກ້ວຍ

appel

ແອັບເປ້ັນ

sinaasappel

ໝາກກ້ຽງ

meloen

ໝາກໂມ

citroen

ໝາກນາວ

wortel

ຫົວກະຮົດ

knoflook

ຜັກຫຽມ

bamboe

ຕົ້ນໄຜ່

ajuin

ຫອມບົ່ວ

champignon

ເຫັດ

noten

ຖົ່ວ

noodles

ເສັ້ນໝີ່

spaghetti

ສະປາແກັດຕີ້

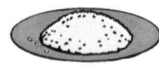

rijst

ເຂົ້າ

salade

ສະຫຼັດ

frieten

ມັນຝລັ່ງທອດ

gebakken aardappelen

ມັນຝລັ່ງທອດ

pizza

ພິສຊາ

hamburger

ແຮມເບີເກີ້

sandwich

ແຊນວິດຈ໌

kalfslapje

ຊີ້ນຕິດກະດູກ

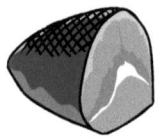

ham

ແຮມ

salami

ໄສ້ກອກແຫ້ງຊາລາມິ

worst

ໄສ້ກອກ

kip

ໄກ່

braden

ຍ້າງ

vis

ປາ

havervlokken

ເຂົ້າປຸກເຂົ້າໂອດ

muesli

ອາຫານຊະນິດເປັນເມັດກອບ

cornflakes

ເຂົ້າຊຸບເປັນປ່ຽງນ້ອຍໆ

bloem

ເຂົ້າແປ້ງ

croissant

ເຂົ້າຈີ່ຊະນິດຫນຶ່ງມີຮູບເດືອນເຄີ່ງຫນວຍ

pistolet

ເຂົ້າຫນົມປັ້ງແບບມ້ອນ

brood

ເຂົ້າຫນົມປັ້ງ

toast

ເຂົ້າຫນົມປັ້ງປິ້ງ

koekjes

ເຂົ້າຫນົມປັ້ງຊະນິດກອບນ້ອຍ

boter

ເນີຍ

kwark

ນ້ຳນົມແຂ້ນ

taart

ເຄກ

ei

ໄຂ່

spiegelei

ໄຂ່ດາວ

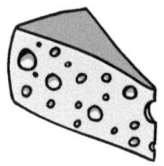

kaas

ເນີຍແຂງ

ijs

ກະແລ້ມ

suiker

ນ້ຳຕານ

honing

ນ້ຳເຜີ້ງ

confituur

ແຍມ

choco

ຊ໊ອກໂກແລັດຄຣິມສະເປຣດ

curry

ກະລີ່

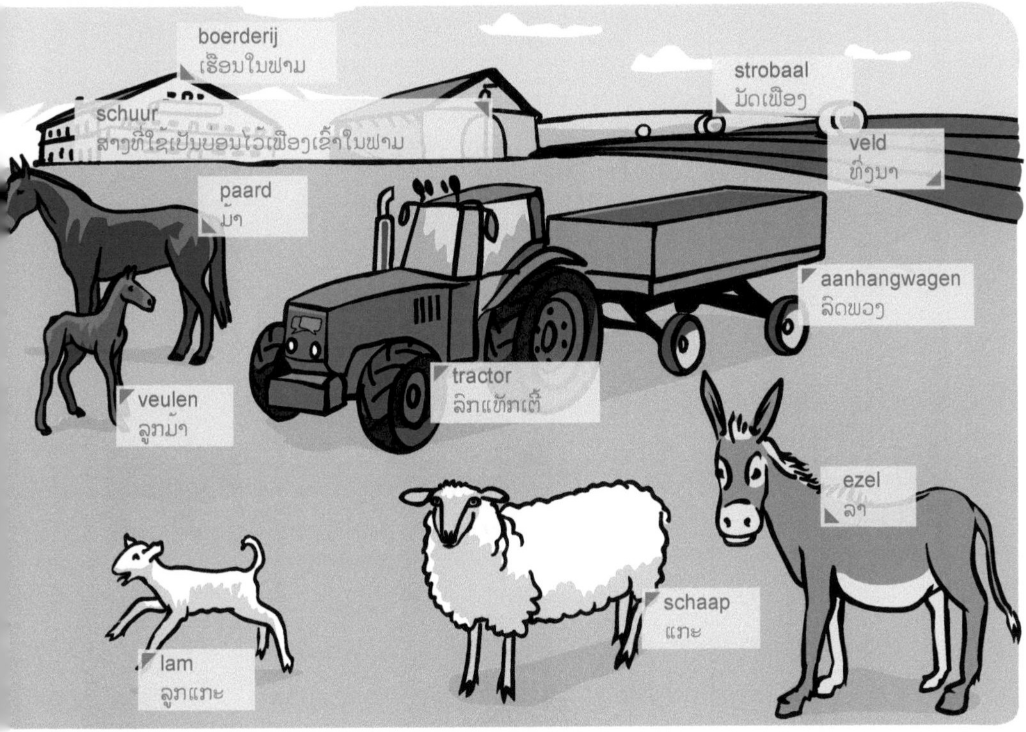

boerderij
ເຮືອນໃນຟາມ

schuur
ສາງທີ່ໃຊ້ເປັນບ່ອນໄວ້ເຄື່ອງເຂົ້າໃນຟາມ

strobaal
ມັດເຟືອງ

veld
ທີ່ງນາ

paard
ມ້າ

aanhangwagen
ລົດພ່ວງ

veulen
ລູກມ້າ

tractor
ລົດແທຣກເຕີ້

ezel
ລາ

schaap
ແກະ

lam
ລູກແກະ

geit

ແກະ

koe

ງົວຕົວແມ່

kalf

ລູກງົວ

varken

ໝູ

biggetje

ລູກໝູ

stier

ງົວຕົວຜູ້

gans

ຫ່ານ

eend

ເປັດ

kuiken

ລູກໄກ່

kip

ແມ່ໄກ່

haan

ໄກ່ຜູ້

rat

ຫນູ

kat

ແມວ

muis

ຫນູ

os

ງົວຕົວຜູ້

hond

ຫມາ

hondenhok

ຄອກຫມາ

tuinslang

ສາຍທໍ່ຍາງໆທີ່ໃຊ້ໃນສວນ

gieter

ຂີ້ອຫົດຕົ້ນໄມ້

zeis

ກ່ຽວດ້າມຍາວ

ploeg

ຄັນໄຖ

sikkel

ກຽວ

schoffel

ຈິກ

hooivork

ຄາດ

bijl

ຂວານ

kruiwagen

ລົດຍູ້ລໍ້ດຽວ

trog

ທາງລິນ

melkkan

ປ່ອງນົມ

zak

ກະສອບ

hek

ຮົ້ວ

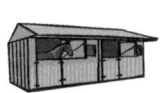

stal

ຄອກມ້າ

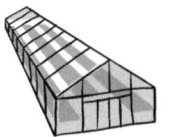

broeikas

ເຮືອນກະຈົກ

bodem

ດິນ

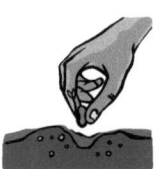

zaad

ແກນ

mest

ປຸ໋ຍ

maaidorser

ເຄື່ອງກ່ຽວເຂົ້າ

oogsten

ເກັບກ່ຽວ

oogst

ການເກັບກ່ຽວ

yam

ເຜືອກ

tarwe

ເຂົ້າສາລີ

soja

ຖົ່ວເຫຼືອງ

aardappel

ມັນຝຣັ່ງ

maïs

ເຂົ້າໂພດ

koolzaad

ດອກເຣພຊິດ

fruitboom

ຕົ້ນໄມ້ທີ່ອອກໝາກ

maniok

ມັນຕົ້ນ

graan

ພືດຂະນິດເມັດ

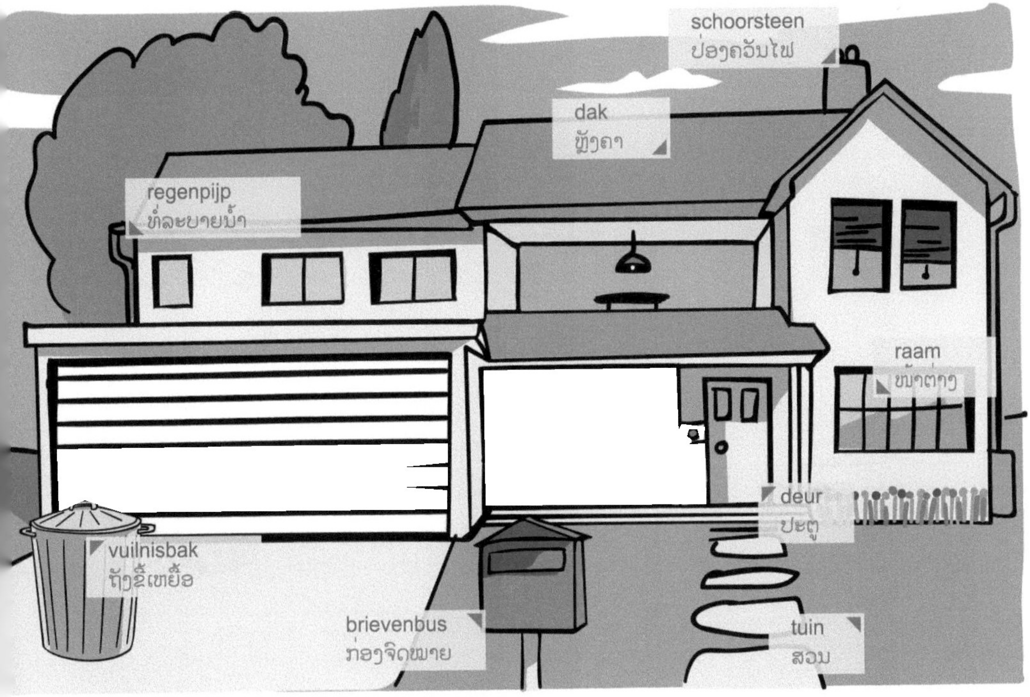

schoorsteen
ປ່ອງຄວັນໄຟ

dak
ຫຼັງຄາ

regenpijp
ທໍ່ລະບາຍນ້ຳ

raam
ໜ້າຕ່າງ

deur
ປະຕູ

vuilnisbak
ຖັງຂີ້ເຫຍື້ອ

brievenbus
ກ່ອງຈົດໝາຍ

tuin
ສວນ

woonkamer

ຫ້ອງຮັບແຂກ

badkamer

ຫ້ອງນ້ຳ

keuken

ຫ້ອງຄົວ

slaapkamer

ຫ້ອງນອນ

kinderkamer

ຫ້ອງພັກສຳລັບເດັກນ້ອຍ

eetkamer

ຫ້ອງອາຫານ

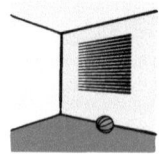

vloer

ພື້ນ

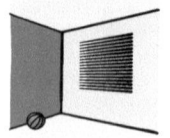

muur

ຝາຜະໜັງ

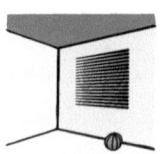

plafond

ເພດານ

kelder

ຫ້ອງເກັບເຄື່ອງໃຕ້ດິນ

sauna

ຫ້ອງອົບອາຍນ້ຳ

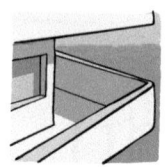

balkon

ລະບຽງ

terras

ຊັ້ນຕາມຂ້າງພູ

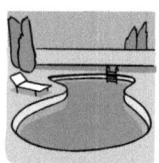

zwembad

ສະລອຍນ້ຳ

grasmaaier

ເຄື່ອງຕັດຫຍ້າ

dekbedovertrek

ຜ້າປູບ່ອມນອນ

dekbed

ຜ້າປູຕຽງ

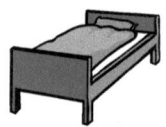

bed

ຕຽງ

bezem

ຟອຍ

emmer

ຖຸ

schakelaar

ສະວິດ

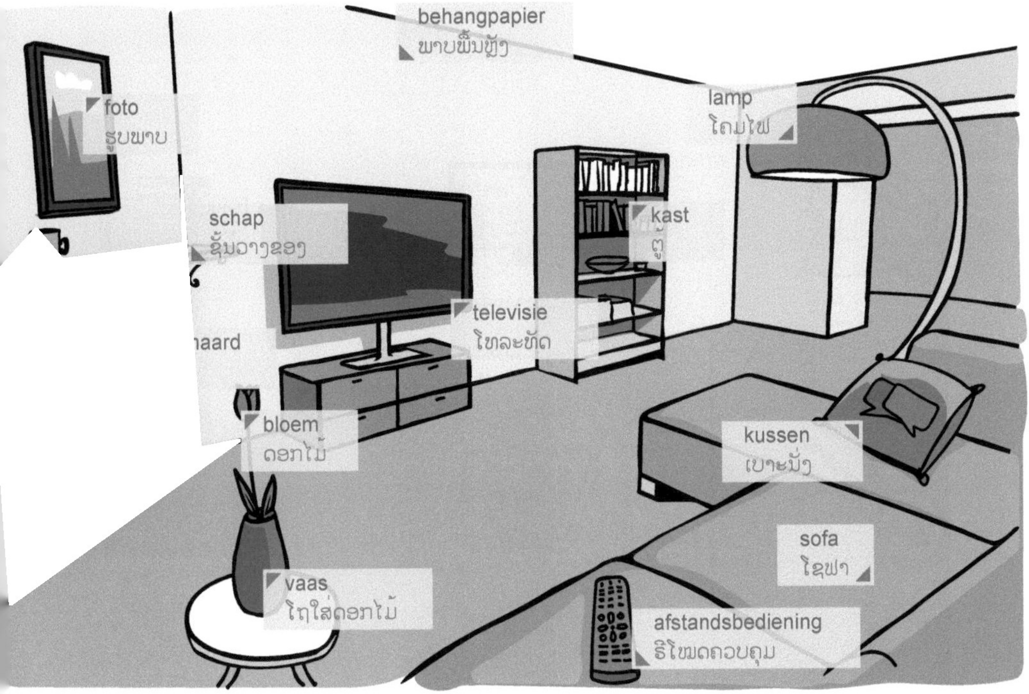

behangpapier
ພາບພື້ນຫຼັງ

lamp
ໂຄມໄຟ

foto
ຮູບພາບ

schap
ຊັ້ນວາງຂອງ

kast
ຕູ້

naard

televisie
ໂທລະທັດ

bloem
ດອກໄມ້

kussen
ເບາະນັ່ງ

sofa
ໂຊຟາ

vaas
ໂຖໃສ່ດອກໄມ້

afstandsbediening
ຣີໂມດຄອບຄຸມ

mat
ພົມປູພື້ນ

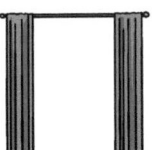

gordijn
ຜ້າກັ້ງ

tafel
ໂຕະ

stoel
ຕັ່ງນັ່ງ

schommelstoel
ຕັ່ງນັ່ງແບບໂຍກໄດ້

fauteuil
ຕັ່ງນັ່ງທີ່ມີບ່ອນວາງແຂນ

boek

ໜັງສື

deken

ຜ້າຫົ່ມ

decoratie

ຂອງຕິກແຕ່ງ

brandhout

ຟືນ

film

ຮູບເງົາ

stereo-installatie

ເຄື່ອງສຽງລະບົບໄຮໄຟ

sleutel

ກະແຈ

krant

ໜັງສືພິມ

schilderij

ການແຕ້ມຮູບ

poster

ໂປສເຕີ

radio

ວິທະຍຸ

notitieboekje

ແຜນບັນທຶກ

stofzuiger

ເຄື່ອງດູດຝຸ່ນ

cactus

ຕົ້ນກະບອງເພັດ

kaars

ທຽນໄຂ

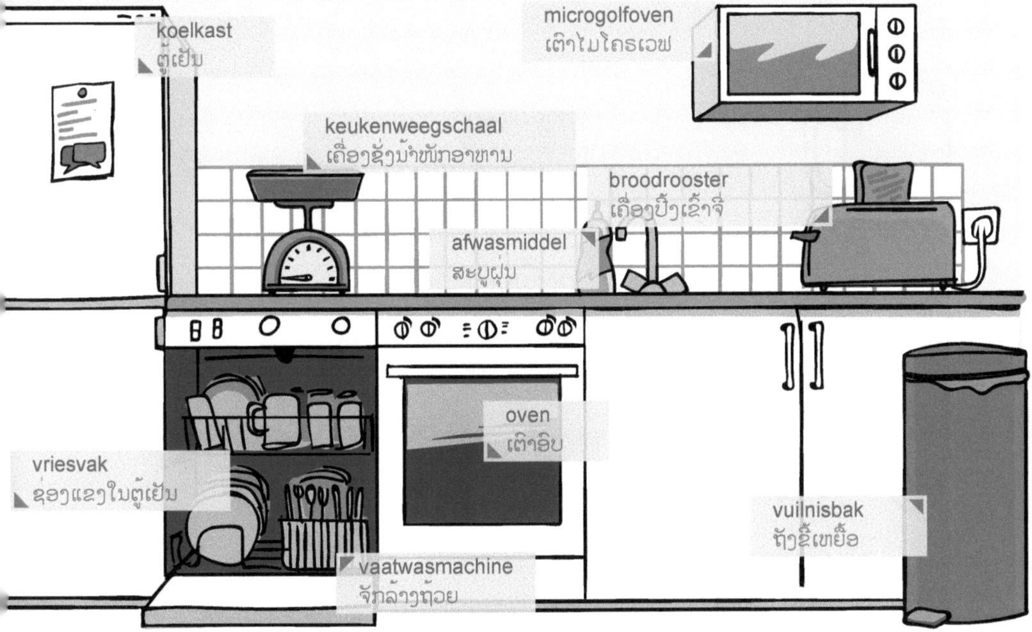

koelkast
ຕູ້ເຢັນ

microgolfoven
ເຕົາໄມໂຄຣເວຟ

keukenweegschaal
ເຄື່ອງຊັ່ງນ້ຳໜັກອາຫານ

broodrooster
ເຄື່ອງປິ້ງເຂົ້າຈີ່

afwasmiddel
ສະບູຜຸ່ນ

oven
ເຕົາອົບ

vriesvak
ຊ່ອງແຊ່ໃນຕູ້ເຢັນ

vuilnisbak
ຖັງຂີ້ເຫຍື້ອ

vaatwasmachine
ຈັກລ້າງຖ້ວຍ

fornuis
ໝໍ້ຕົ້ມ

pot
ໝໍ້

gietijzeren pot
ໝໍ້ເຫຼັກກ້າ

wok / kadai
ໝໍ້ກະທະຈືນ

pan
ໝໍ້ກະທະກົ້ນແບນ

waterkoker
ກາຕົ້ມນ້ຳ

stoomkoker
ໝໍ້ໂອນ້ຳ

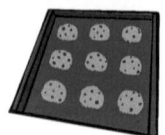

bakplaat
ຖາດອົບ

servies
ເຄື່ອງຖ້ວຍຊາມ

mok
ຈອກທຶບ

kom
ຖ້ວຍ

eetstokjes
ໄມ້ທູ່

pollepel
ຈອງດ້າມຍາວ

spatel
ຕະຫຼິວ

garde
ເຄື່ອງຕີໄຂ່

vergiet
ກະຊອນ

zeef
ເຄື່ອງຊອນ

rasp
ເຫຼັກຂູດ

mortier
ຄົກ

barbecue
ບາບິຄິວ

haardvuur
ແຄມໄຟຫຼາວວອນ

snijplank

ຂຽງ

deegrol

ໄມ້ນວດແປ້ງ

kurkentrekker

ເຫັກໄຂດອນແກ້ວ

blik

ກະປ໋ອງ

blikopener

ເຄື່ອງເປີດກະປ໋ອງ

pannenlap

ຖົງມືຈັບຂອງຮ້ອນ

gootsteen

ອ່າງລ້າງຈານ

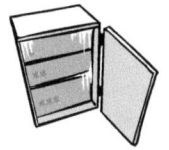

borstel

ແປງ

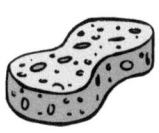

spons

ຟອງນ້ຳ

blender

ເຄື່ອງປັ່ນ

vriezer

ຕູ້ແຊ່ແຂງ

papfles

ຂວດນົມ

kraan

ກ໋ອກນ້ຳ

douche
ຝັກບົວ

verwarming
ເຄື່ອງທຳຄວາມຮ້ອນ

handdoek
ຜ້າເຊັດໂຕ

douchegordijn
ຜ້າກັ້ງຫ້ອງນ້ຳ

bubbelbad
ສະບູທຳຟອງ

badkuip
ອ່າງອາບນ້ຳ

glas
ຈອກແກ້ວ

wasmachine
ຈັກຊັກຜ້າ

kraan
ກ໊ອກນ້ຳ

tegels
ກະເບື້ອງ

kinderpo
ງ້ວຍ່ວຍ

gootsteen
ອ່າງລ້າງຈານ

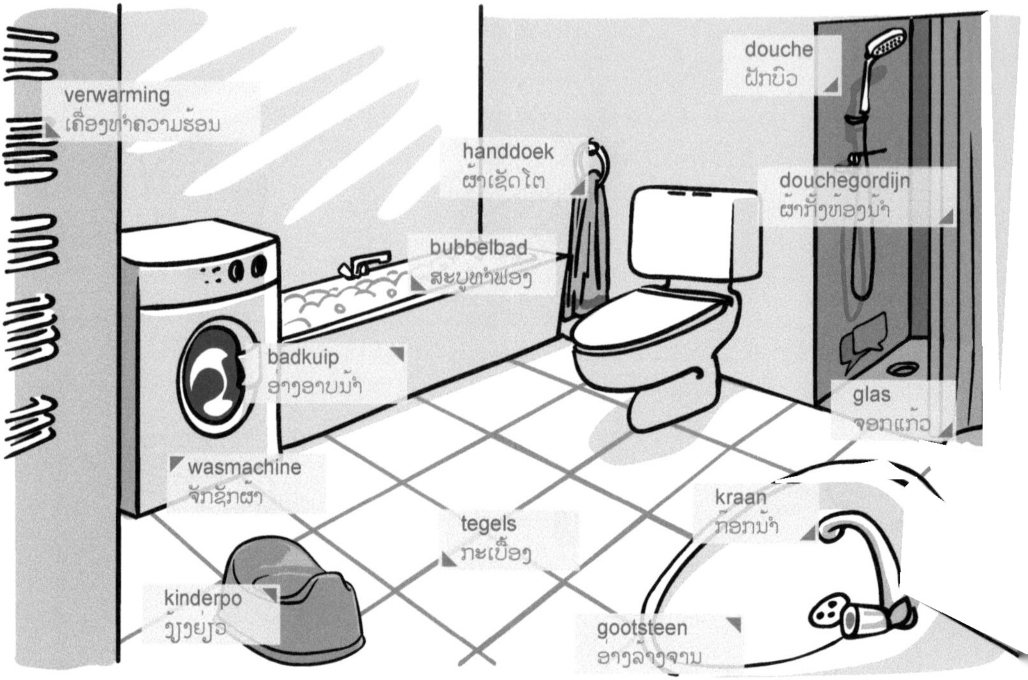

toilet
ຫ້ອງສ້ວມ

hurktoilet
ໂຖສ້ວມແບບນັ່ງຍອງ

bidet
ໂຖຍ່ວຍຂອງຜູ້ຍິງ

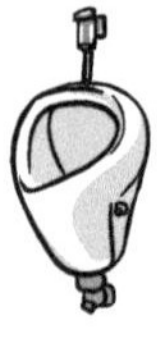

urinoir
ໂຖຍ່ວຍຂອງຜູ້ຊາຍ

toiletpapier
ກະດາດຊຳລະທີ່ໃຊ້ໃນຫ້ອງນ້ຳ

toiletborstel
ແປງຊັດຫ້ອງນ້ຳ

tandenborstel

ແປງສີຟັນ

tandpasta

ຢາສີຟັນ

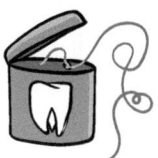

flosdraad

ໄໝຂັດແຂ້ວ

wassen

ລ້າງ

handdouche

ຝັກບົວອາບນ້ຳທີ່ໃຊ້ມືຈັບ

bidethanddouche

ເຄື່ອງສີດລ້າງ

waskom

ອ່າງລ້າງໜ້າ

rugborstel

ແປງຖູຫັງ

zeep

ສະບູ

douchegel

ເຈລອາບນ້ຳ

shampoo

ແຊມພູ

washandje

ຜ້າຖູໂຕນ້ອຍ

afvoer

ທໍ່ລະບາຍນ້ຳເສຍ

crème

ຄີມ

deodorant

ຢາດັບກີ່ນ

spiegel

ແວ່ນແຍງ

handspiegel

ແວ່ນມືຖື

scheermes

ມີດແຖຫນວດ

scheerschuim

ໂຟມແຖຫນວດ

aftershave

ໂລຊັ່ນບຳລຸ່ງຜິວຫຼັງແຖຫນວດ

kam

ຫວີ

borstel

ແປງ

haardroger

ຈັກເປົ່າຜົມ

haarlak

ສະເປຂີດຜົມ

make-up

ຊຸດເຄື່ອງສຳອາງ

lippenstift

ລິບສະຕິກທາສົບ

nagellak

ນ້ຳຢາທາເລັບ

watten

ສຳລີ

nagelknipper

ມີດຕັດເລັບ

parfum

ນ້ຳຫອມ

toilettas

ກະເປົ໋າອາບນ້ຳ

kruk

ຕັ່ງສາມຂາ

weegschaal

ເຄື່ອງຊັ່ງນ້ຳໜັກ

badjas

ເສື້ອຄຸມອາບນ້ຳ

latex handschoenen

ຖົງມືຢາງ

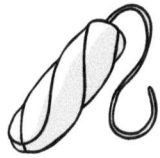

tampon

ຜ້າອະນາໄມແບບສອດ

maandverband

ຜ້າອະນາໄມ

chemisch toilet

ຫ້ອງນ້ຳເຄມີ

ຫອງພັກສໍາລັບເດັກນອຍ

wekker
ໂມງປຸກ
knuffel
ຂອງຫຼິ້ນທີ່ໜ້າຮັກ
speelgoedauto
ລົດຂອງຫຼິ້ນ
rammelaar
ເຄື່ອງຫຼິ້ນເດັກນ້ອຍທີ່ສັ່ນດັງແຊັກໆ
poppenhuis
ບ້ານຕຸກກະຕາ
geschenk
ຂອງຂວັນ

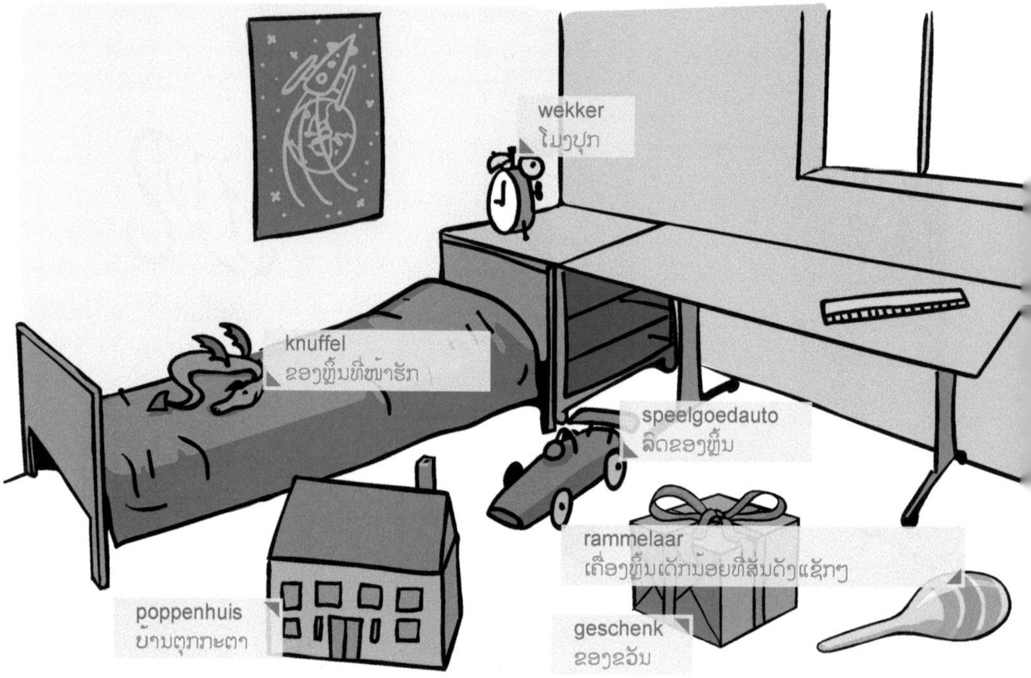

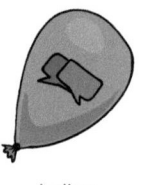

ballon

ໝາກປຸມເປົ້າ

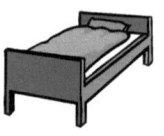

bed

ຕຽງ

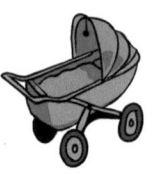

kinderwagen

ລົດຍູ້ເດັກ

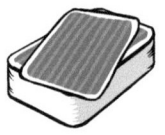

spel kaarten

ຊຸມໄພ້

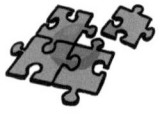

puzzel

ຈິກຊໍ

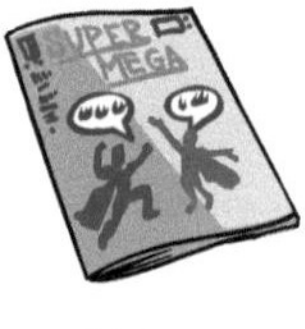

stripboek

ໜັງສືກາຕູນ

legoblokjes

ຕົວຕໍ່ເລໂກ້

blokken

ບ໌ອກຂອງຫຼິ້ນ

actiefiguur

ຮູບປັ້ນທີ່ເຄື່ອນໄຫວໄດ້

kruippakje

ເສື້ອຜ້າເດັກເກີດໃໝ່

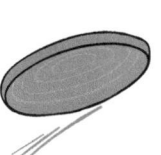

frisbee

ຈານບິນ

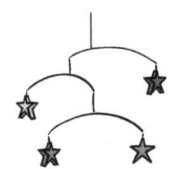

mobiel

ສິ່ງທີ່ແກວ່ງໄປມາແຂວນຢູ່ເທິງທິວ
ຽງເດັກນ້ອຍ

bordspel

ເກມກະດານ

dobbelsteen

ໝາກກະລ໋ອກ

modelspoorweg

ຊຸດລົດໄຟຈຳລອງ

fopspeen

ຮູບດູນ

feest

ງານລ້ຽງ

prentenboek

ໜັງສືພາບ

bal

ໝາກບານ

pop

ຕຸກກະຕາ

spelen

ຫຼິ້ນ

zandbak

ຂຸມດິນຊາຍສຳລັບເດັກນ້ອຍຫຼິ້ນ

schommel

ຊີງຊ້າ

speelgoed

ຂອງຫຼິ້ນ

spelconsole

ເຄື່ອງຫຼິ້ນວີດີໂອເກມ

driewieler

ລົດຖີບສາມລໍ້

knuffelbeer

ຕຸກກະຕາໝີ

kleerkast

ຕູ້ເສື້ອຜ້າ

ເສື້ອຜ້າ

sokken

ຖົງເທົ້າ

kousen

ຖົງເທົ້າຍາວຜູ້ຍິງ

maillot

ໂສ້ງຍືດແບບເບື້ອ

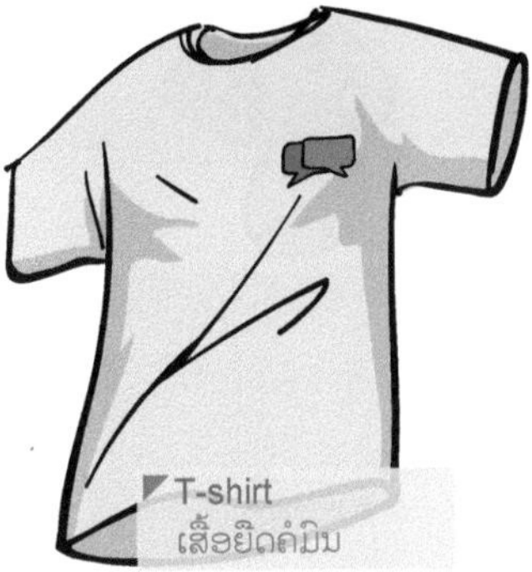

sjaal
ຜ້າພັນຄໍ

riem
ສາຍແອວ

paraplu
ຄັນຮົ່ມ

T-shirt
ເສື້ອຍືດຄໍມົນ

laarzen
ເກີບບູດທ໌

slippers
ເກີບແຕະ

sneakers
ເກີບກິລາ

sandalen
ເກີບສ້ວດຄາມ

schoenen
ເກີບ

rubberlaarzen
ເກີບບູດທ໌ຍາງ

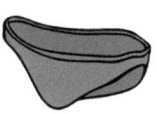

onderbroek
ໄສ້ງຊ້ອນໃນ

beha
ເສື້ອຊ້ອນໃນ

onderhemd
ເສື້ອກ້າມ

lichaam
ເສື້ອຮັດທຸນ

broek
ໂສ້ງຂາຍາວ

jeans
ໂສ້ງຍືນ

rok
ກະໂປ່ງ

blouse
ເສື້ອຜູ້ຍິງ

hemd
ເສື້ອເຊີດ

trui
ເສື້ອກັນໝນາວ

capuchontrui
ເສື້ອຄຸມມີໝວກ

blazer
ເສື້ອໃໝ່ທີ່ຕິດກາໂຮງຮຽນຫຼືກາທິ
ມກິລາ

jas
ເສື້ອແຈັກເກັດ

jas
ເສື້ອນອກ

regenjas
ເສື້ອກັນຝົນ

kostuum
ເຄື່ອງແຕ່ງກາຍ

jurk
ກະໂປ່ງ

trouwjurk
ຊຸດແຕ່ງງານ

pak

ເສື້ອສູດ

nachthemd

ຊຸດລາຕີ

pyjama

ຊຸດນອນ

sari

ຊຸດຊາຣີ

hoofddoek

ຜ້າຄຸມຫົວ

tulband

ຜ້າພັນຫົວ

boerka

ເສື້ອບຸຣຸເກາະ

kaftan

ເສື້ອຄຸມຄາຟຕານ

abaya

ເສື້ອຄຸມອາບາຢາ

badpak

ຊຸດລອຍນ້ຳ

zwembroek

ໂສ້ງໃສ່ລອຍນ້ຳ

short

ໂສ້ງຂາສັ້ນ

trainingspak

ຊຸດອອມ

schort

ຜ້າກັນເປື້ອນ

handschoenen

ຖົງມື

knoop
ກະດຸມ

bril
ແວ່ນຕາ

armband
ປອກແຂນ

ketting
ສ້ອຍຄໍ

ring
ແຫວນ

oorbel
ຕຸ້ມຫູ

pet
ໝວກແກັບ

kapstok
ກ້ວຍແຂນເສື້ອນອກ

hoed
ໝວກ

das
ກາລະຫວັດ

rits
ຊິບ

helm
ໝວກກັນກະທົບ

bretellen
ສາຍໂຍງໄສ້ງ

schooluniform
ຊຸດນັກຮຽນ

uniform
ເຄື່ອງແບບ

slabbetje
ຜ້າກັນເປື້ອນເດັກ

fopspeen
ຈຸບທຸມ

luier
ຜ້າອ້ອມ

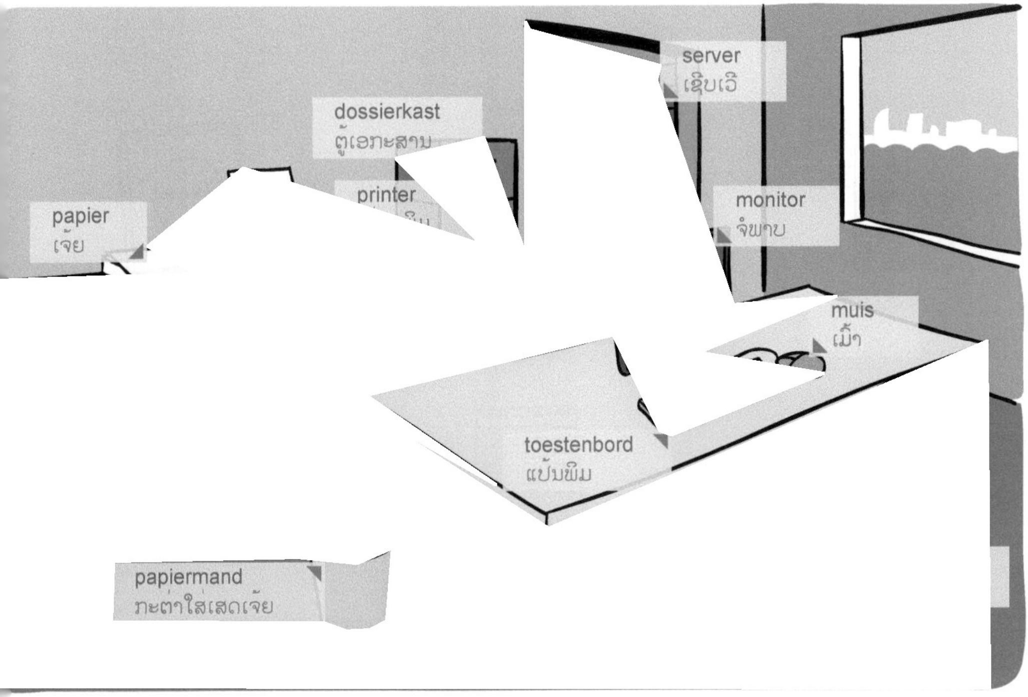

server
ເຊີບເວີ

dossierkast
ຕູ້ເອກະສານ

printer
ພິມ

papier
ເຈ້ຍ

monitor
ຈໍພາບ

muis
ເມົ້າ

toestenbord
ແປ້ນພິມ

papiermand
ກະຕ່າໃສ່ເສດເຈ້ຍ

koffiemok
ຈອກຫິມໃສ່ກາເຟ

rekenmachine
ເຄື່ອງຄິດເລກ

internet
ອິນເຕີເນັດ

laptop

ຄອມພິວເຕີແລັບທ໋ອບ

brief

ຈົດໝາຍ

bericht

ຂໍ້ຄວາມ

gsm

ໂທລະສັບມືຖື

netwerk

ເຄືອຂ່າຍ

kopieerapparaat

ເຄື່ອງຖ່າຍເອກະສານ

software

ຊອບແວ

telefoon

ໂທລະສັບ

stopcontact

ປັກໄຟ

fax

ເຄື່ອງແຟັກ

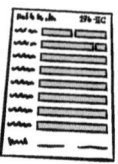

formulier

ແບບຟອມ

document

ເອກະສານ

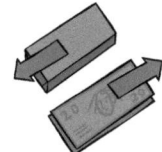

kopen
ຊື້

betalen
ຈ່າຍ

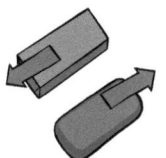

handelen
ຄ້າຂາຍ

geld
ເງິນ

dollar
ເງິນດອມລາ

euro
ເງິນຢູໂຣ

yen
ເງິນເຢນ

roebel
ເງິນຣູເບີລ

Zwitserse frank
ເງິນຟຣັງສະວິດ

Chinese renminbi
ເງິນຢວນເຣິນຫມິນບີ້

roepie
ເງິນຣູປີ

geldautomaat
ເຄື່ອງຖ່າລັຍຖິດເງິນສົດຈາກທະນາຄານ

wisselkantoor

ຫ່ອມແລກປ່ຽນເງິນຕາ

goud

ທອງຄຳ

zilver

ເງິນ

olie

ນ້ຳມັນ

energie

ພະລັງງານ

prijs

ລາຄາ

contract

ສັນຍາ

belasting

ພາສີ

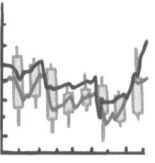

aandeel

ຫຸ້ນ

werken

ເຮັດວຽກ

werknemer

ລູກຈ້າງ

werkgever

ນາຍຈ້າງ

fabriek

ໂຮງງານ

winkel

ຮ້ານຄ້າ

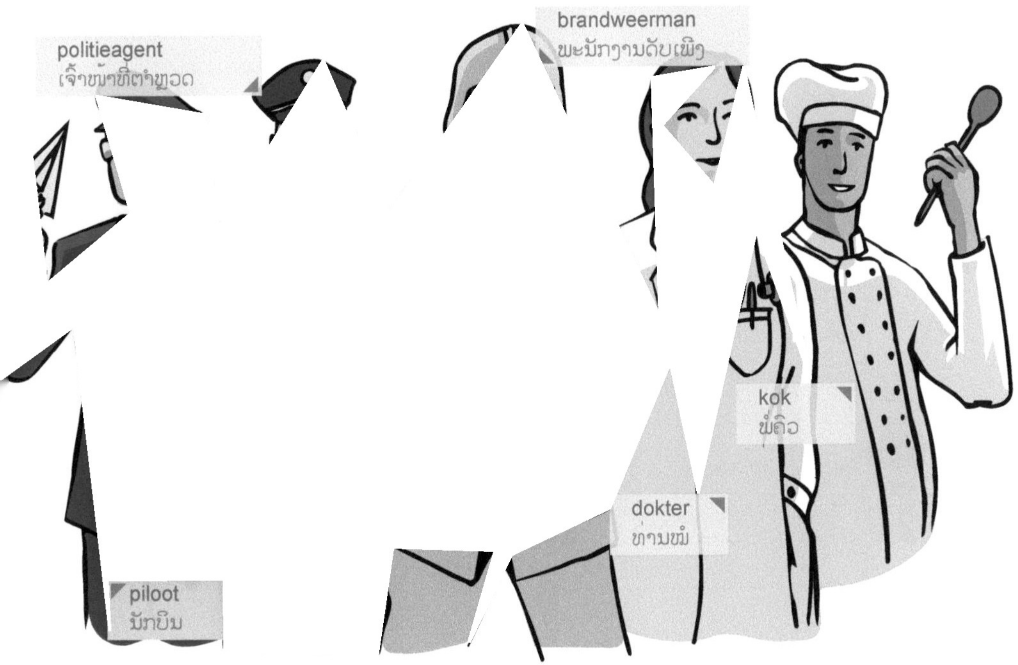

politieagent
ເຈົ້າໜ້າທີ່ຕຳຫຼວດ

brandweerman
ພະນັກງານດັບເພີງ

kok
ພໍ່ຄົວ

dokter
ທ່າມໝໍ

piloot
ນັກບິນ

tuinman

ຊາວສວນ

timmerman

ຊາງໄມ້

naaister

ຊ່າງຫຍິບຜ້າທີ່ເປັນຜູ້ຍິງ

rechter

ຜູ້ພິພາກສາ

chemicus

ນັກເຄມີ

acteur

ນັກສະແດງຊາຍ

buschauffeur

ຄົນຂັບລົດເມປະຈຳທາງ

taxichauffeur

ຄົນຂັບແທັກຊີ

visser

ຊາວປະມົງ

schoonmaakster

ແມ່ບ້ານທຳຄວາມສະອາດ

dakdekker

ຊ່າງມຸງຫົວຄາ

ober

ຄົນເສີບຂາຍ

jager

ນາຍພານ

schilder

ຊ່າງທາສີ

bakker

ຄົນເຮັດເຂົ້າໜົມປັງ

elektricien

ຊ່າງໄຟຟ້າ

bouwvakker

ຊ່າງກໍ່ສ້າງ

ingenieur

ວິສະວິກອນ

slager

ຄົນຂາຍຊີ້ນ

loodgieter

ຊ່າງນ້ຳປະປາ

postbode

ບູລຸດໄປສະນີ

soldaat

ທະຫານ

architect

ສະຖາປະນິກ

kassier

ພະນັກງານເກັບເງິນ

bloemist

ຄົນຂາຍດອກໄມ້

kapper

ຊ່າງແຕ່ງຜົມ

conducteur

ພະນັກງານກວດປີ້ລົດ

mecanicien

ຊ່າງສ້ອມລົດຍົນ

kapitein

ຜູ້ບັງຄັບການ

tandarts

ໝໍປົວແຂ້ວ

wetenschapper

ນັກວິທະຍາສາດ

rabbijn

ພະໃຫຍ່ສາສະໜາຢິວ

imam

ຜູ້ນຳສາວະນາມຸສລິມ

monnik

ຄູບາ

geestelijke

ນັກບວດ

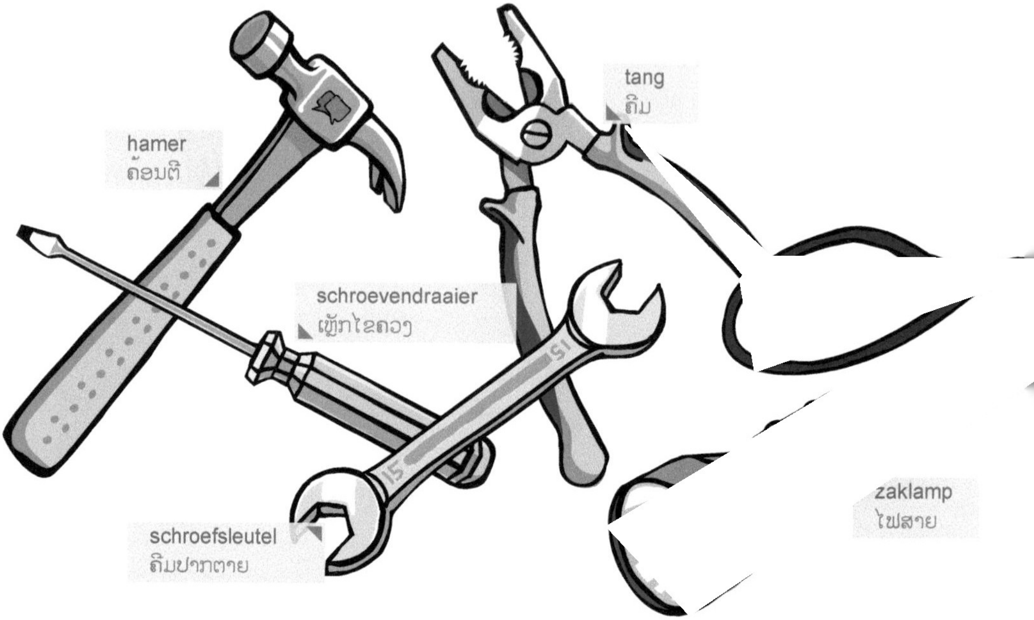

hamer
ຄ້ອນຕີ

tang
ຄີມ

schroevendraaier
ໜັງໄຂຄວງ

schroefsleutel
ຄີມປາກຕາຍ

zaklamp
ໄຟສາຍ

graafmachine

ເຄື່ອງຂຸດ

gereedschapskoffer

ກັບເຄື່ອງມື

ladder

ຂັ້ນໄດ

zaag

ເລື່ອຍ

spijkers

ຕະປູ

boormachine

ໜັງຂີ້

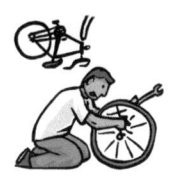

repareren

ສ້ອມແປງ

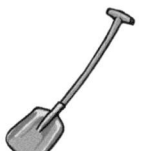

schop

ຊວ້ານ

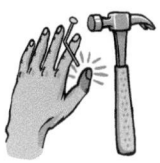

Verdomme!

ຕາຍຫ່າ!

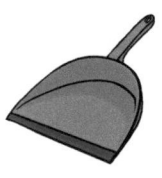

blik

ຂອງຊວ້ານຂີ້ເຫຍື້ອ

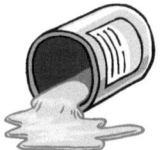

verfpot

ຖັງສີ

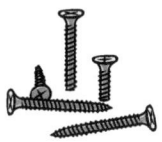

schroeven

ຕະປູກຽວ

ເຄື່ອງດົນຕີ

luidspreker
ລຳໂພງ
drumstel
ກອງຊຸດ
gitaar
ກີຕ້າ
contrabas
ດັບເບີລເບສ
trompet
ແກທອງເຫຼືອງ

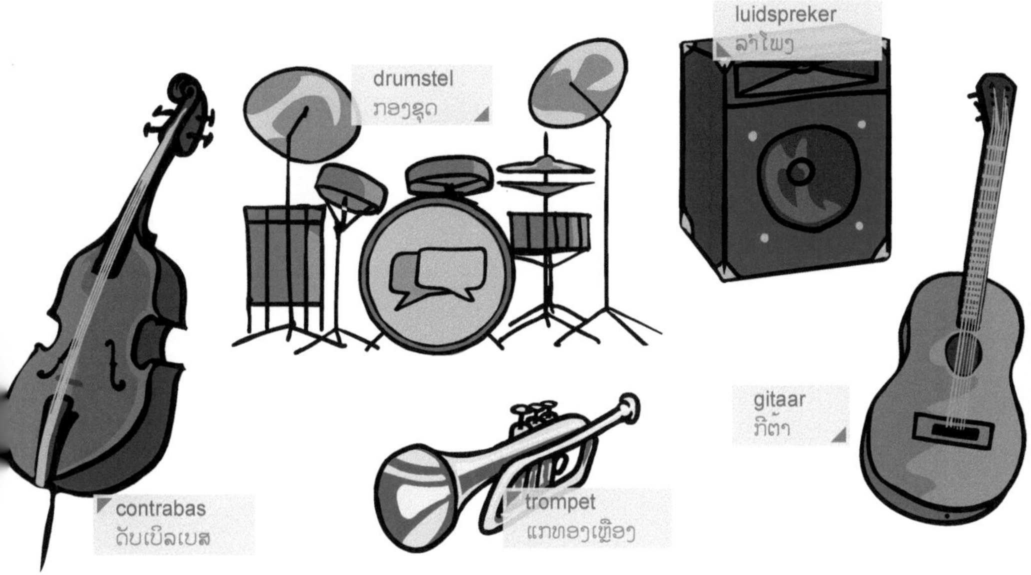

piano

ເປຍໂນ

viool

ໄວໂອລິນ

basgitaar

ເບສ

pauk

ກອງທິມປານີ

trommels

ກອງຊຸດ

keyboard

ຄີບອດ

saxofoon

ແຊັກໂຊໂຟນ

fluit

ຂຸ່ຍ

microfoon

ໄມໂຄຣໂຟນ

ingang
ທາງເຂົ້າ

tijger
ເສືອ

kooi
ກົງຂັງສັດ

zebra
ມ້າລາຍ

diereneten
ອາຫານສັດ

panda
ໝີແພນດ້າ

dieren

ສັດ

olifant

ຊ້າງ

kangoeroe

ກັງກາລູ

neushoorn

ແຮດ

gorilla

ລີງໂກຣິນລາ

beer

ໝີ

kameel

ອູດ

struisvogel

ນົກກະຈອກເທດ

leeuw

ສິງໂຕ

aap

ລິງ

flamingo

ນົກຟລາມິງໂກ

papegaai

ນົກແກວ

ijsbeer

ໝີຂົ້ວໂລກ

pinguïn

ນົກເພັ້ນກວິນ

haai

ປາສະຫຼາມ

pauw

ນົກຍູງ

slang

ງູ

krokodil

ແຂ້

dierenverzorger

ຜູ້ເບິ່ງແຍງສວນສັດ

zeehond

ແມວນ້ຳ

jaguar

ເສືອຈາກົວ

pony

ມ້າພັນນ້ອຍ

luipaard

ເສືອດາວ

nijlpaard

ຮິບໂປ

giraffe

ໂຕຈິຣາຟ

adelaar

ໜງ

wild zwijn

ໝູປ່າຕົວຜູ້

vis

ປາ

zeeschildpad

ເຕົ່າ

walrus

ຊ້າງນ້ຳ

vos

ໝາຈອກ

gazelle

ກວາງນ້ອຍ

rugby
ອາເມລິກັນຟຸດບອນ

wielrennen
ຂີ່ລົດຖີບ

tennis
ກິລາເທນນິສ

basketbal
ບັສເກັດບອລ

zwemmen
ກິລາລອຍນ້ຳ

boksen
ຊົກມວຍ

ijshockey
ກິລາຕີຄີເດິ່ນນ້ຳແຂງ

voetbal
ກິລາເຕະບານ

badminton
ກິລາຕີດອກປີກໄກ່

atletiek
ກິລາປະເພດ ແລ່ນ
ເຕັ້ນແລະແກວ່ງ

handbal
ແຮນບອລ

skiën
ກິລາສະກີ້

polo
ກິລາໂປໂລມ້າ

springen
ໂດດ

lachen
ຫົວ

knuffelen
ກອດ

zingen
ຮ້ອງເພງ

wandelen
ຍ່າງ

bidden
ໄຫວ້ພະ / ສວດມົນ

kussen
ຈູບ

dromen
ຝັນ

schrijven
ຂຽນ

tekenen
ແຕ້ມ

tonen
ສະແດງ

duwen
ຍູ້

geven
ໃຫ້

nemen
ເອົາໄປ

activiteiten - ກິດຈະກຳ

63

hebben
ມີ

doen
ເຮັດ

zijn
ເປັນ

staan
ຢືນ

lopen
ແລ່ນ

trekken
ດຶງ

gooien
ໄຍມ

vallen
ລົ້ມ

liggen
ນອນຢຽດ

wachten
ລໍຖ້າ

dragen
ຖື

zitten
ນັ່ງ

aankleden
ແຕ່ງຕົວ

slapen
ນອນຫຼັບ

ontwaken
ຕື່ນນອນ

activiteiten - ກິດຈະກຳ

kijken naar

ເບິ່ງ

wenen

ຮ້ອງໄຫ້

aaien

ລູບ

kammen

ຫວີຜົມ

praten

ລົມ

begrijpen

ເຂົ້າໃຈ

vragen

ຄຳຖາມ

luisteren

ຟັງ

drinken

ດື່ມ

eten

ກິນ

opruimen

ຈັດໃຫ້ເປັນລະບຽບ

houden van

ຮັກ

koken

ຄົວກິນ

rijden

ຂັບລົດ

vliegen

ບິນ

zeilen

ແລ່ນເຮືອ

rekenen

ຄິດໄລ່

Lezen

ອ່ານ

leren

ຮຽນຮູ້

werken

ເຮັດວຽກ

trouwen

ແຕ່ງງານ

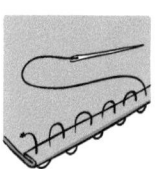

naaien

ຫຍິບ

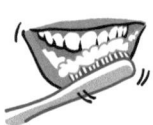

tandenpoetsen

ແປງຟັນ

doden

ຂ້າ

roken

ສູບຢາ

sturen

ສົ່ງ

grootmoeder
ແມ່ເຖົ້າ

grootvader
ພໍ່ເຖົ້າ

vader
ພໍ່

moeder
ແມ່

baby
ເດັກເກີດໃໝ່

dochter
ລູກສາວ

zoon
ລູກຊາຍ

gast

ແຂກ

tante

ປ້າ

oom

ລຸງ

broer

ອ້າຍນ້ອງ

zus

ເອື້ອຍນ້ອງ

ຮາງກາຍ

voorhoofd
ໜ້າຜາກ
oog
ຕາ
schouder
ບ່າໄຫຼ່
vinger
ນິ້ວມື
gezicht
ໃບໜ້າ
kin
ຄາງ
hand
ມື
borst
ໜ້າເອິກ
been
ຂາ
arm
ແຂນ

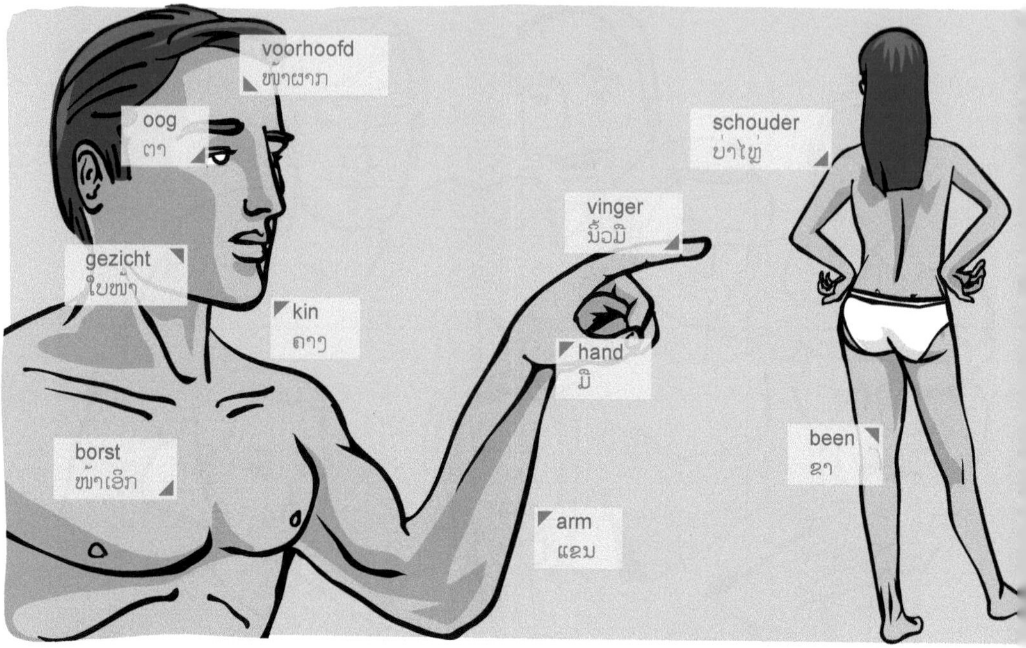

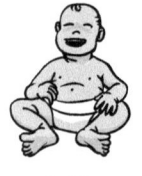

baby

ເດັກເກີດໃໝ່

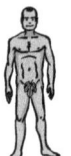

man

ຜູ້ຊາຍ

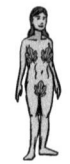

vrouw

ຜູ້ຍິງ

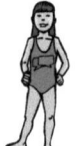

meisje

ເດັກຍິງ

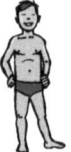

jongen

ເດັກຊາຍ

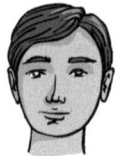

hoofd

ຫົວ

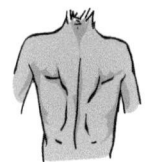

rug

ຫຼັງ

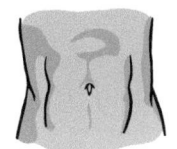

buik

ທ້ອງ

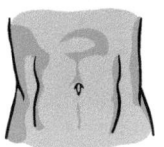

navel

ສະບື

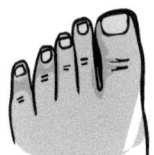

teen

ນິ້ວຕີນ

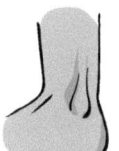

hiel

ສົ້ນຕີນ

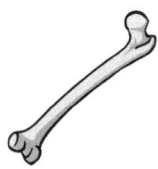

bot

ກະດູກ

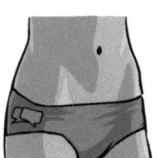

heup

ກະໂພກ

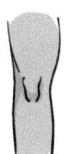

knie

ຫົວເຂົ່າ

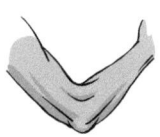

elleboog

ແຂນສອກ

neus

ດັງ

zitvlak

ກົ້ນ

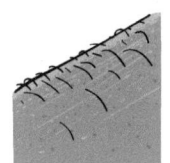

huid

ຜິວໜັງ

wang

ແກ້ມ

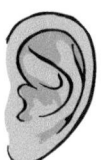

oor

ຫູ

lip

ຮີມສົບ

mond

ປາກ

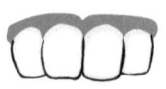

tand

ແຂ້ວ

tong

ລີ້ນ

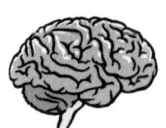

hersenen

ສະໝອງ

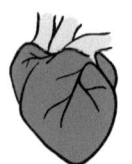

hart

ຫົວໃຈ

spier

ກ້າມເນື້ອ

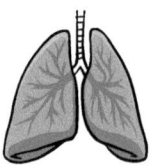

long

ປອດ

lever

ຕັບ

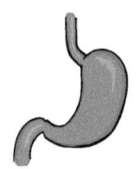

maag

ກະເພາະ

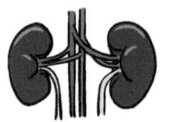

nieren

ໄຕ

seks

ເພດສຳພັນ

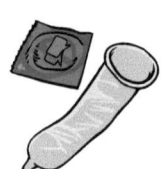

condoom

ຖົງຢາງອະນາໄມ

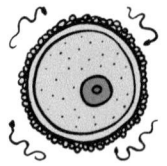

eicel

ເຊັລສືບພັນ

sperma

ນ້ຳອະສຸຈິ

zwangerschap

ການຖືພາ

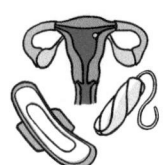

menstruatie

ປະຈຳເດືອນ

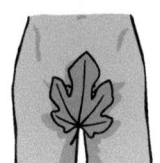

vagina

ຊ່ອງຄອດ

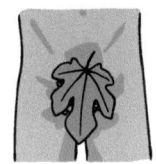

penis

ອະໄວຍະວະເພດຊາຍ

wenkbrauw

ຄິ້ວ

haar

ເສັ້ນຜົມ

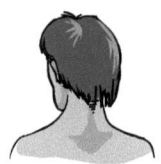

nek

ຄໍ

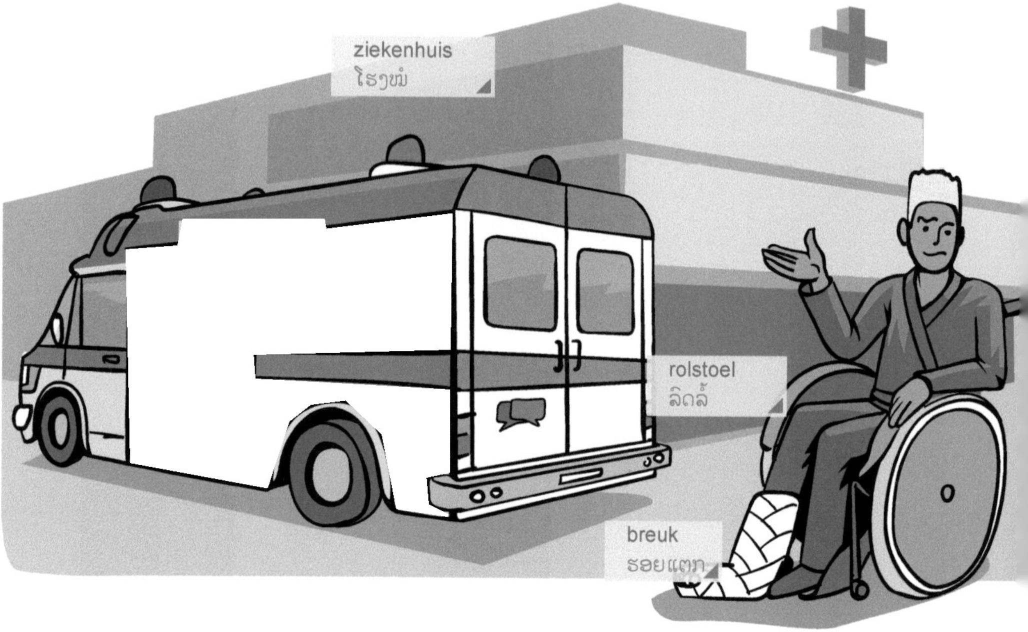

ziekenhuis
ໂຮງໝໍ

rolstoel
ລົດລໍ້

breuk
ຮອຍແຕກ

dokter

ທ່ານໝໍ

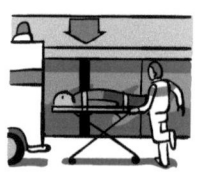

spoed

ຫ້ອງສຸກເສີນ

verpleegkundige

ພະຍາບານ

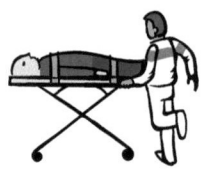

noodgeval

ສຸກເສີນ

bewusteloos

ໝົດສະຕິ

pijn

ອາການເຈັບປວດ

verwonding

ການບາດເຈັບ

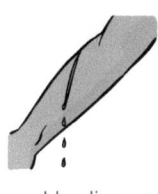

bloeding

ເລືອດໄຫຼ

hartaanval

ທົ່ວໃຈວາຍ

beroerte

ໂຮກຫຼອດເລືອດໃນສະໝອງ

allergie

ອາການແພ້

hoest

ໄອ

koorts

ໄຂ້

griep

ໄອຫວັດ

diarree

ຖອກທ້ອງ

hoofdpijn

ເຈັບຫົວ

kanker

ໂຮກມະເລງ

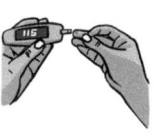

diabetes

ພະຍາດເບົາຫວານ

chirurg

ໝໍຜ່າຕັດ

scalpel

ມິດຜ່າຕັດ

operatie

ການຜ່າຕັດ

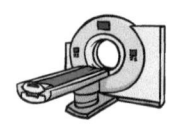

CT

ເຄື່ອງເອັກເຊີເຣຄອມພິວເຕີ

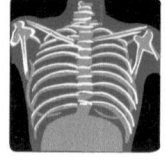

röntgenstraal

ເອັກຊ໌-ເຣ

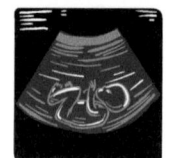

ultrageluid

ອູລຕຣາຊາວ (ultrasound)

gezichtsmasker

ໜ້າກາກອະນາໄມ

ziekte

ພະຍາດ

wachtkamer

ຫ້ອງລໍຖ້າ

kruk

ໄມ້ຄ້ຳຂີ້ແຮ້

pleister

ຜ້າຍາງຕິດບາດ

verband

ຜ້າພັນແຜ

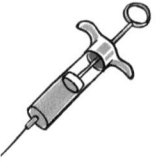

injectie

ສັກຢາ

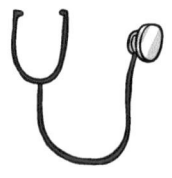

stethoscoop

ເຄື່ອງຟັງປອດຫົວໃຈ

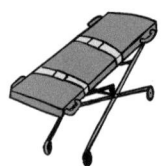

brancard

ເປຫາມຄົນເຈັບ

thermometer

ບາຫຼອດວັດໄຂ້

geboorte

ການເກີດ

overgewicht

ນ້ຳໜັກເກີນ

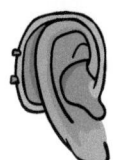

hoorapparaat

ເຄື່ອງຊ່ວຍຟັງ

ontsmettingsmiddel

ນ້ຳຢາຂ້າເຊື້ອ

infectie

ການຕິດເຊື້ອ

virus

ເຊື້ອໄວຣັສ

HIV / AIDS

HIV / ເອດສ໌

medicijn

ຢາ

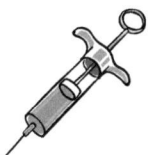

vaccinatie

ການສັກວັກຊິນ

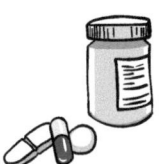

tabletten

ຢາເມັດ

pil

ຢາເມັດ

noodoproep

ໂທຂໍຄວາມຊ່ວຍເຫຼືອສຸກເສີນ

bloeddrukmeter

ເຄື່ອງວັດຄວາມດັນເລືອດ

ziek / gezond

ໄຂ້ / ສຸຂະພາບດີ

Help!
ຊ່ວຍດ້ວຍ!

alarm
ສັນຍານເຕືອນໄພ

overval
ການທຳຮ້າຍຮ່າງກາຍ

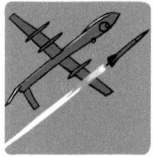

aanval
ການໂຈມຕີ

gevaar
ອັນຕະລາຍ

nooduitgang
ທາງອອກສຸກເສີນ

Brand!
ໄຟໄໝ້!

brandblusser
ບັ້ງດັບເພີງ

ongeval
ອຸປະຕິເຫດ

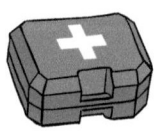

EHBO-kit
ຊຸດປະຖົມພະຍາບານຂັ້ນຕົ້ນ

SOS
ສັນຍານຂໍຄວາມຊ່ອຍເຫຼືອ

politie
ຕຳຫຼວດ

Europa

ເອິຣົບ

Noord-Amerika

ອາເມລິກາເໜືອ

Zuid-Amerika

ອາເມລິກາໃຕ້

Afrika

ອາຟຣິກາ

Azië

ເອເຊຍ

Australië

ອອສເຕຣເລຍ

Atlantische Oceaan

ແອດແລນຕິກ

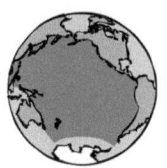

Stille Oceaan

ປາຊິຟິກ

Indische Oceaan

ມະຫາສະໝຸດອິນເດຍ

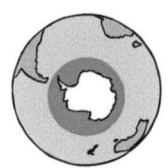

Antarctische Oceaan

ມະຫາສະໝຸດແອນຕາຣຕິກ

Arctische Oceaan

ມະຫາສະໝຸດອາກຕິກ

Noordpool

ຂົ້ວໂລກເໜືອ

Zuidpool

ຂົ້ວໂລກໃຕ້

Antarctica

ແອນຕາຣຕິກາ

aarde

ໂລກ

land

ດິນ

zee

ທະເລ

eiland

ເກາະ

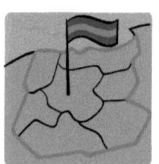

natie

ຊາດ / ປະເທດຊາດ

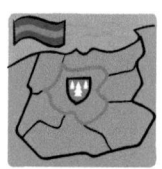

staat

ລັດ

wijzerplaat

ໜ້າປັດໂມງ

uurwijzer

ເຂັມໂມງ

minuutwijzer

ເຂັມນາທີ

secondewijzer

ເຂັມວິນາທີ

Hoe laat is het?

ຈັກໂມງແລ້ວ?

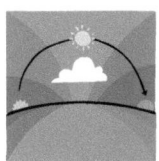

dag

ວັນ

tijd

ເວລາ

nu

ຕອນນີ້

digitale horloge

ໂມງດິຈິຕອລ

minuut

ນາທີ

uur

ຊົ່ວໂມງ

maandag
ວັນຈັນ

woensdag
ວັນພຸດ

vrijdag
ວັນສຸກ

dinsdag
ວັນຄານ

zaterdag
ວັນເສົາ

donderdag
ວັນພະຫັດ

zondag
ວັນອາທິດ

gisteren
ມື້ວານນີ້

vandaag
ມື້ນີ້

morgen
ມື້ອື່ນ

ochtend
ຕອນເຊົ້າ

middag
ຕອນທ່ຽງ

avond
ຕອນແລງ

werkdagen
ວັນເຮັດວຽກ

weekend
ທ້າຍສັບປະດາ

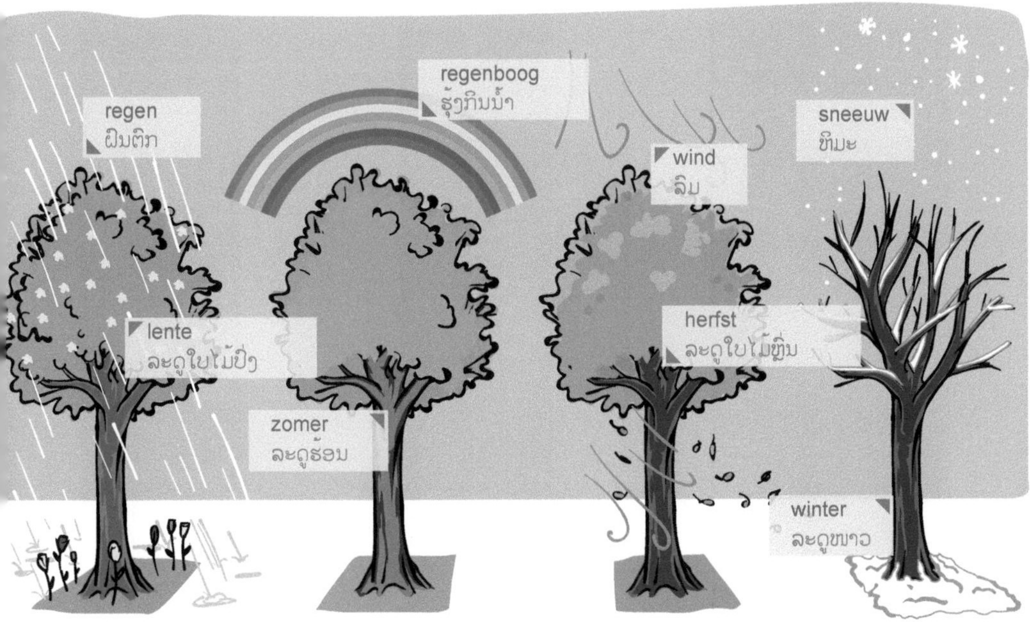

regen
ຝົນຕົກ
regenboog
ຮຸ້ງກິນນ້ຳ
wind
ລົມ
sneeuw
ຫິມະ
lente
ລະດູໃບໄມ້ປົ່ງ
zomer
ລະດູຮ້ອນ
herfst
ລະດູໃບໄມ້ຫຼົ່ນ
winter
ລະດູໜາວ

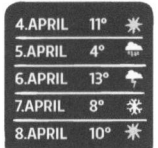

4.APRIL 11°
5.APRIL 4°
6.APRIL 13°
7.APRIL 8°
8.APRIL 10°

weervoorspelling
ການພະຍາກອນອາກາດ

F
C
120
90
60
30
0
-30
40
30
20
10
0
-10
-20

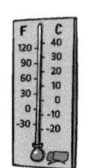

thermometer
ເຄື່ອງວັດອຸນຫະພູມ

zonneschijn
ແສງແດດ

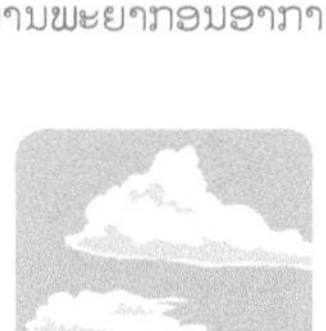

wolk
ຂີ້ເຝື້ອ

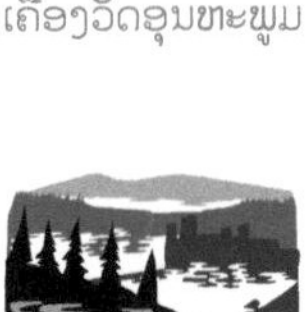

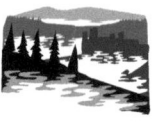

mist
ໝອກ

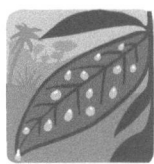

vochtigheid
ຄວາມຊຸ່ມ

bliksem

ສາຍຟ້າແມບ

donder

ຟ້າຮ້ອງ

storm

ພະຍຸ

hagel

ໝາກເຫັບ

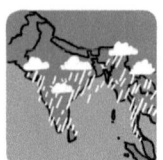

moesson

ລົມມໍລະສຸມ

overstroming

ນ້ຳຖ້ວມ

ijs

ນ້ຳກ້ອນ

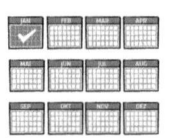

januari

ມັງກອນ

februari

ກຸມພາ

maart

ມີນາ

april

ເມສາ

mei

ພຶດສະພາ

juni

ມິຖຸນາ

juli

ກໍລະກົດ

augustus

ສິງຫາ

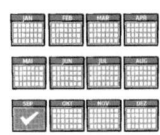

september

ກັນຍາ

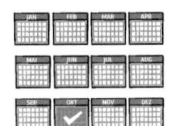

oktober

ຕຸລາ

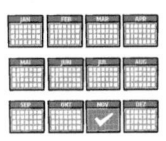

november

ພະຈິກ

december

ທັນວາ

cirkel

ວົງມົນ

kwadraat

ສີ່ຫຼ່ຽມ

rechthoek

ຮູບສີ່ຫຼ່ຽມມຸມສາກ

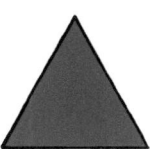

driehoek

ສາມຫຼ່ຽມ

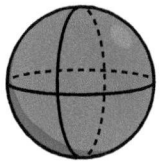

bol

ໜ່ວຍກົມ

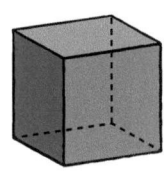

kubus

ຮູບສີ່ຫຼ່ຽມມິນທິນ

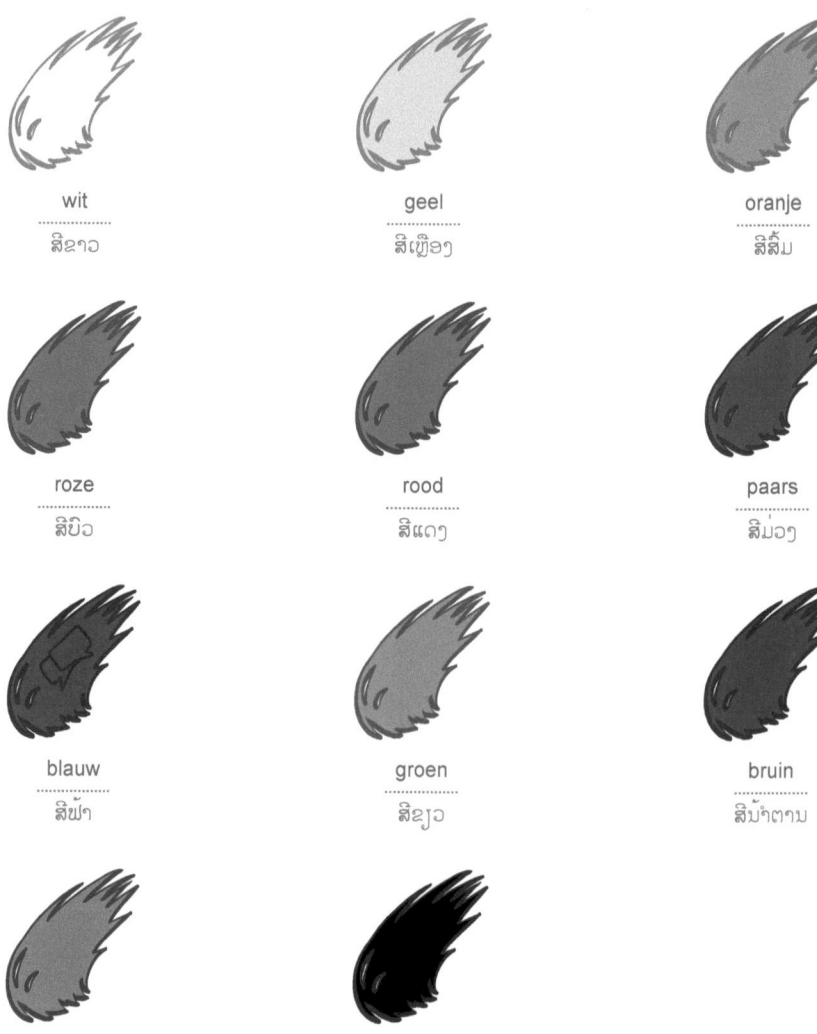

wit	geel	oranje
ສີຂາວ	ສີເຫຼືອງ	ສີສົ້ມ

roze	rood	paars
ສີບົວ	ສີແດງ	ສີມ່ວງ

blauw	groen	bruin
ສີຟ້າ	ສີຂຽວ	ສີນ້ຳຕານ

grijs	zwart
ສີເທົາ	ສີດຳ

veel / weinig

ຫຼາຍ / ນ້ອຍ

boos / kalm

ໃຈຮ້າຍ / ໃຈເຢັ້ນ

mooi / lelijk

ງາມ / ຂີ້ຮ້າຍ

begin / einde

ການເລີ່ມຕົ້ນ / ການສິ້ນສຸດ

groot / klein

ໃຫຍ່ / ນ້ອຍ

licht / donker

ແຈ້ງ / ມືດ

broer / zus

ນ້ອງຊາຍຫຼືອ້າຍ /
ນ້ອງສາວຫຼືເອື້ອຍ

proper / vuil

ສະອາດ / ເປື້ອນ

volledig / onvolledig

ສຳເລັດ / ບໍ່ສຳເລັດ

dag / nacht

ການວັນ / ການຄືນ

dood / levend

ຕາຍ / ມີຊີວິດ

breed / smal

ກວ້າງ / ແຄບ

eetbaar / oneetbaar

ກິນໄດ້ / ກິນບໍ່ໄດ້

kwaadaardig / vriendelijk

ຊົ່ວຮ້າຍ / ໃຈດີ

opgewonden / verveeld

ໜ້າຕື່ນເຕັ້ນ / ໜ້າເບື່ອ

dik / dun

ອ້ວນ / ຈ່ອຍ

eerst / laatst

ທຳອິດ / ສຸດທ້າຍ

vriend / vijand

ເພື່ອນ / ສັດຕູ

vol / leeg

ເຕັມ / ວ່າງເປົ່າ

hard / zacht

ແຂງ / ນຸ້ມ

zwaar / licht

ໜັກ / ເບົາ

honger / dorst

ຄວາມຫິວ / ຄວາມຫິວນ້ຳ

ziek / gezond

ໄຂ້ / ສຸຂະພາບດີ

illegaal / legaal

ຜິດກົດໝາຍ / ຖືກກົດໝາຍ

intelligent / dom

ສະຫຼາດ / ໂງ່

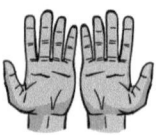

links / rechts

ຊ້າຍ / ຂວາ

dichtbij / veraf

ໃກ້ / ໄກ

nieuw / gebruikt

ໃໝ່ / ໃຊ້ແລ້ວ

niets / iets

ບໍ່ມີຫຍັງ / ບາງສິ່ງບາງຢ່າງ

oud / jong

ແກ່ / ໜຸ່ມ

aan / uit

ເປີດ / ປິດ

open / dicht

ເປີດ / ປິດ

stil / luid

ງຽບ / ດັງ

rijk / arm

ຮັ່ງມີ / ຍາກຈົນ

juist / fout

ຖືກ / ຜິດ

ruw / glad

ບໍ່ລຽບ / ລຽບ

droevig / blij

ໂສກເສົ້າ / ດີໃຈ

kort / lang

ສັ້ນ / ຍາວ

traag / snel

ຊ້າ / ໄວ

nat / droog

ປຽກ / ແຫ້ງ

warm / koud

ອົບອຸ່ນ / ໜາວເຢັນ

oorlog / vrede

ສົງຄາມ / ສັນຕິພາບ

0
nul

ສູນ

1
één

ໜຶ່ງ

2
twee

ສອງ

3
drie

ສາມ

4
vier

ສີ່

5
vijf

ຫ້າ

6
zes

ຫົກ

7
zeven

ເຈັດ

8
acht

ແປດ

9
negen

ເກົ້າ

10
tien

ສິບ

11
elf

ສິບເອັດ

12
twaalf

ສິບສອງ

13
dertien

ສິບສາມ

14
veertien

ສິບສີ່

15
vijftien

ສິບຫ້າ

16
zestien

ສິບຫົກ

17
zeventien

ສິບເຈັດ

18
achtien

ສິບແປດ

19
negentien

ສິບເກົ້າ

20
twintig

ຊາວ

100
honderd

ໜຶ່ງຮ້ອຍ

1.000
duizend

ໜຶ່ງພັນ

1.000.000
miljoen

ໜຶ່ງລ້ານ

Engels

ພາສາອັງກິດ

Amerikaans Engels

ພາສາອັງກິດແບບອາເມລິກັນ

Chinees (Mandarijn)

ພາສາຈິນແມນດາຣິນ

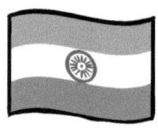

Hindi

ພາສາຮິນດີ

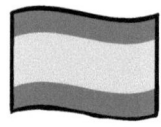

Spaans

ພາສາສະເປນ

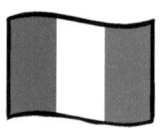

Frans

ພາສາຝຣັ່ງເສດ

Arabisch

ພາສາອາຣັບ

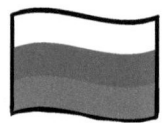

Russisch

ພາສາຣັດເຊຍ

Portugees

ພາສາປ໊ອກຕຸຍການ

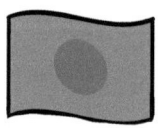

Bengali

ພາສາແບງກາອລ

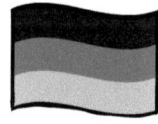

Duits

ພາສາເຍຍລະມັນ

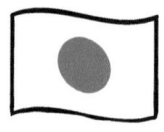

Japans

ພາສາຍີ່ປຸ່ນ

ik

ຂ້ອຍ

u

ເຈົ້າ

hij / zij / het

ລາວ (ຜູ້ຊາຍ) / ລາວ (ຜູ້ຍິງ) / ມັນ

wij

ພວກເຮົາ

u

ພວກເຈົ້າ

ze

ພວກເຮົາ

wie?

ໃຜ?

wat?

ແມ່ນຫຍັງ?

hoe?

ແນວໃດ?

waar?

ຢູ່ໃສ?

wanneer?

ເມື່ອໃດ?

naam

ຊື່

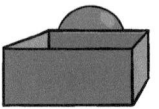

achter

ຢູ່ທາງຫົວ

in

ໃນ

voor

ຢູ່ທາງໜ້າ

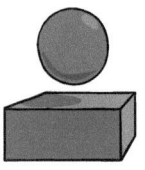

boven

ເໜືອກວ່າ

op

ຢູ່ເທິງ

onder

ຢູ່ກອງ

naast

ທາງຂ້າງ

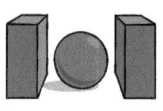

tussen

ຢູ່ລະຫວ່າງ

plaats

ສະຖານທີ່